मेहरदास की कुण्डलियाँ और दोहे

कबीर-चौरा

वर्तमान परिवेश की हास्य-व्यंग्यपूर्ण चुटीली रचनाएँ

डॉ. महरुद्दीन खाँ

वी एण्ड एस पब्लिशर्स

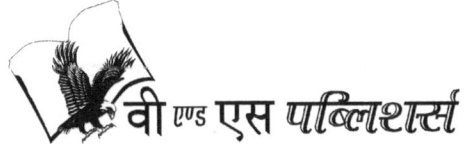

प्रकाशक

वी एण्ड एस पब्लिशर्स

F-2/16, अंसारी रोड, दरियागंज, नई दिल्ली-110002
☎ 23240026, 23240027 • फैक्स: 011-23257790
E-mail: info@vspublishers.com • *Website:* www.vspublishers.com

वितरक

पुस्तक महल®, दिल्ली
J-3/16, दरियागंज, नई दिल्ली-110002
☎ 23276539, 23272783, 23272784 • फैक्स: 011-23260518
E-mail: info@pustakmahal.com • *Website:* www.pustakmahal.com

विक्रय केन्द्र

- 10-बी, नेताजी सुभाष मार्ग, दरियागंज, नई दिल्ली-110002
  ☎ 23268292, 23268293, 23279900 • फैक्स: 011-23280567
  E-mail: rapidexdelhi@indiatimes.com
- 6686, खारी बावली, दिल्ली-110006
  ☎ 23944314, 23911979
- **बंगलुरू:** ☎ 080-22234025 • *टेलीफैक्स:* 22240209
  E-mail: pustak@airtelmail.in • pustak@sancharnet.in
- **मुंबई:** ☎ 022-22010941, 022-22053387
  E-mail: rapidex@bom5.vsnl.net.in
- **पटना:** ☎ 0612-3294193 • *टेलीफैक्स:* 0612-2302719
  E-mail: rapidexptn@rediffmail.com
- **हैदराबाद:** *टेलीफैक्स:* 040-24737290
  E-mail: pustakmahalhyd@yahoo.co.in

© **कॉपीराइट** : वी एण्ड एस पब्लिशर्स

ISBN 978-81-920796-1-5

संस्करण: 2011

भारतीय कॉपीराइट एक्ट के अन्तर्गत इस पुस्तक के तथा इसमें समाहित सारी सामग्री (रेखा व छायाचित्रों सहित) के सर्वाधिकार **प्रकाशक** के पास सुरक्षित हैं। इसलिए कोई भी सज्जन इस पुस्तक का नाम, टाइटल डिजाइन, अदर का मैटर व चित्र आदि आंशिक या पूर्ण रूप से तोड़-मरोड़ कर एवं किसी भी भाषा में छापने व प्रकाशित करने का साहस न करें, अन्यथा कानूनी तौर पर वे हर्जे-खर्चे व हानि के जिम्मेदार होंगे।

मुद्रक: परम ऑफसेटर्स, ओखला, दिल्ली-110020

भूमिका

कभी–कभी अनायास ऐसा कुछ हो जाता है, जिसका उस समय तो पता नहीं चलता, मगर आगे चल कर वह एक इतिहास बन जाता है। 'कबीर–चौरा' भी अनायास ही ऐसा प्रयास था। बात 1984 की है। लोकसभा चुनाव के आरम्भिक दिनों में टिकटार्थियों का एक समूह नवभारत टाइम्स कार्यालय में श्री इब्बार रब्बी के पास बैठा राजनीतिक चर्चा में मगन था। मैं भी पास ही बैठा था। बाद में मैंने तीन चार राजनीतिक छन्द लिखे और रब्बी जी को देखने के लिए दे दिया। अगले दिन एक छन्द 'कबीर–चौरा', जो कबीर का स्मारक है, के नाम से नवभारत टाइम्स के उत्तर–प्रदेश के पृष्ठ पर छपा था और कवि के नाम के स्थान पर सन्त मेहरदास छपा था।

तीन दिन बाद सम्पादक स्वर्गीय राजेन्द्र माथुर बाहर से लौटे, तब अखबार में उन्होंने 'कबीर–चौरा' देखकर रब्बी जी को बुलाया और कहा कि 'कबीर–चौरा' को उत्तर–प्रदेश के पृष्ठ पर न होकर सम्पादकीय पृष्ठ पर होना चाहिए ताकि सभी पाठक इसका आनन्द उठा सकें। चौथे दिन 'कबीर–चौरा' सम्पादकीय पृष्ठ पर ही नहीं आया, बल्कि नवभारत टाइम्स के तत्कालीन मुम्बई, जयपुर, लखनऊ और पटना संस्करणों में भी छापने के आदेश श्री माथुर ने जारी कर दिये। इस प्रकार अनायास किया गया एक प्रयास नवभारत टाइम्स का एक रोचक स्तम्भ बन गया।

'कबीर–चौरा' प्रकाशन के कुछ समय बाद ही इसका विरोध भी शुरू हो गया। पहले मंचीय कवियों का, फिर कबीर के नाम पर, जो छन्द में जाया करता था, और अन्त में मेहरदास के साथ 'सन्त' लगाये जाने पर। माथुर साहब ने इन विरोधों का समुचित उत्तर दिया और इसका प्रकाशन नहीं रुका।

'कबीर–चौरा' की लोकप्रियता का अनुमान इसी से लगाया जा सकता है कि कई लोग इसे काटकर फाइल में रख लेते

थे तथा मेज पर शीशे के नीचे कई अफसर व नेता तक रख लेते थे। मेरठ में एक चाय वाला 'कबीर–चौरा' रोजाना काटकर अपनी दुकान में चिपका देता था। कुछ समय बाद उसकी छोटी सी दुकान 'कबीर–चौरा' से भर गयी। नागपुर में एक चौराहे पर सूचना–पट लगा था। कोई सज्जन वर्षों तक इस सूचना–पट पर मोटे अक्षरों में 'कबीर–चौरा' लिखते रहे। स्थानीय साप्ताहिक भी अपनी पसन्द के छन्द अपने अखबारों में छापते रहते थे। आज भी कई समारोह में कोई न कोई ऐसा व्यक्ति मिल जाता है, जो मुझे 'कबीर–चौरा' का कोई छन्द सुनाकर बता देता है कि वह इसे बहुत पसन्द करता था।

इस प्रकार 'कबीर–चौरा' लगभग दस वर्षों तक निरन्तर छपता रहा। फुर्सत मिलने पर मैंने फाइल देखी, काफी सामग्री थी। मैंने विषयानुसार संकलन किया। अब संकलन में जो छन्द शामिल हैं, वह सभी सदाबहार तथा स्थायी महत्त्व के हैं।

'कबीर–चौरा' लोकप्रिय होने के बाद कवि–सम्मेलनों के निमन्त्रण खूब मिले, मगर मैंने विनम्रतापूर्वक सभी को अस्वीकार कर दिया।

प्रथम कवि–सम्मेलन में ही कुछ ऐसा अप्रिय घटित हुआ कि कवि–सम्मेलनों में नहीं जाने का मैंने निश्चय कर लिया। मैं आज भी कवि–सम्मेलन में भाग नहीं लेता, मगर कई सम्मेलनों, सेमिनारों में जाना होता रहता है, वहाँ लोग आग्रह करते हैं। मैं उन्हें निराश नहीं करता।

अन्त में मैं अपने उन सभी पाठकों का आभारी हूँ जिन्हें आनन्द मिला और जिन्होंने मुझे उत्साहित किया। मैं पुस्तक महल के प्रबन्धक श्री राम अवतार गुप्ता जी का भी आभारी हूँ, जो 'कबीर–चौरा' को पुस्तक रूप में प्रकाशित कर पाठकों के सामने लाये हैं।

—महरुद्दीन खाँ

अनुक्रम

क्र.सं.	विषय	पृष्ठ नं.
1.	कवि, कवि–सम्मेलन और कविता	7
2.	हिन्दी बिन्दी, चिन्दी	11
3.	रिश्वत, कालाधन, भ्रष्टाचार	14
4.	मौसम की मार	17
5.	होली का त्योहार	23
6.	स्पेशल आइटम	25
7.	गीत ग़ज़ल	34
8.	सफ़दर हाशमी	47
9.	दोहे रंग–बिरंगे	56
10.	दुमदार दोहे	62
11.	किरकिटेरिया	64
12.	टी.वी. यानि सरकारी ढोल	66
13.	खूब चली बोफ़ोर्स	71
14.	हाय मँहगाई, मँहगाई, मँहगाई	75
15.	हैप्पी न्यू ईयर	86
16.	चुनावी चकल्लस	90
17.	राजनीतिक रसगुल्ले	102
18.	पाठक–चौरा	109

कवि, कवि-सम्मेलन और कविता

यदि कविता के मंच पर, चाहे तू उद्धार
या तो बन बेचैन या बन हरि ओम पँवार
बन हरि ओम पँवार, गले की मालिश कर ले
आयोजक की थोड़ी मक्खन–पालिश कर ले
ले भुगतान हजारों में, कुछ नाम कमा ले
कविता लिख दो–चार, उन्हीं से दाम कमा ले।

☙❀❧

कविता का संसार भी, होता बहुत विचित्र
आयोजक और कवि यहाँ, सदा रहे हैं मित्र
सदा रहे हैं मित्र, नहीं इसमें लघु शंका
एक जुटाता मंच, बजाता दूजा डंका
कवि–सम्मेलन बना हुआ, ऐसा चोखा धन्धा
एक कमाता नाम, कमाता दूजा चन्दा।

☙❀❧

जैसे–जैसे आ रहा, निकट दिवस गणतन्त्र
कविगण जपते रात–दिन, गायत्री का मन्त्र
गायत्री का मन्त्र, भक्त बन पूजा करते
कविता लिखते रोज, मगर कुछ डरते–डरते
खोए खोए रहें, नहीं दिखते अपने में
लालकिले का मंच, दीखता है सपने में।

☙❀❧

कवि–सम्मेलन बन गये, अब तो एक रिवाज
कविता के मैदान में, जुटे अखाड़ेबाज
जुटे अखाड़ेबाज, बहुत शुभ काम कर रहे
गीत गजल कविता को सब, नीलाम कर रहे
कविता चमन, सेठ करते उसकी रखवाली
काले धन से पुष्ट हो रही, कविता काली।

कवियों में चर्चा हुई, यत्र–तत्र–सर्वत्र
लालकिले का मिल गया, उन्हें निमन्त्रण–पत्र
उन्हें निमन्त्रण पत्र, प्रभा ठाकुर पर आयी
पुष्पलता पर खिले मधुप ने, ली अँगड़ाई
भ्रमर हो गये मस्त, हुए जी वज्र पुरुषोत्तम
इन्दिरा हो गयीं इन्दु, मिल गया मोहन प्रीतम।

कविता वाली हीर के, मन की मन में चाह
आज नहीं दिखता उसे, कोई वारिस शाह
कोई वारिस शाह, आवारा फिरे गाय–सी
पद्मावत को नहीं मिल रहा, आज जायसी
श्रद्धा है बेचैन, आज अपना मनु खोकर
खोज रही उर्वशी, नहीं मिलता है दिनकर।

लालकिले के मंच पर, शोभित यों कविराज
सब्जी मण्डी में सजे, जैसे लहसुन–प्याज।
जैसे लहसुन–प्याज, मिर्च कुछ हरी मटर से
कुछ आलू से दिखे, दिखे मूली–गाजर से।
लाल टमाटर बने हुए, कुछ पीकर दारू
नज़र कैमरे पर है, पढ़ते कविता मारू।

लालकिले के मंच ने, पैदा करी उमंग
मधुर शास्त्री हो गये, शेर कर रहे जंग
शेर कर रहे जंग, सोमरस पीकर ठाकुर
नीरज व्यास किशोर उड़ रहे, हैं सब फुर–फुर
मानव बने किशोर, क्षेम शशि सबको हैना
तुम विराट, वह करें सत्यपालन सक्सेना।

☙•❧

निकट दिवस गणतन्त्र सुन, कवि हो जाते टंच
सपने में भी दीखता, लालकिले का मंच
लालकिले का मंच, निमन्त्रण मिलता शाही
बेकल जो थे, दिखले लगते वह उत्साही
रहे बहुत बेचैन, कल्पना उनमें जागी
कुछ जपते हरिओम, हो रहे कुछ बैरागी।

☙•❧

जैसे विरहिन देखती, दरवाजे की ओर
कविगण देखें डाकिया, वैसे ही निस भोर
वैसे ही निस भोर, न थामे थमता है मन
सपने में हर जगह, दीखता कवि–सम्मेलन
लगता है इस बार, निठुर हो गये आयोजक
आया मास अगस्त, निमन्त्रण मिला न अब तक।

☙•❧

कवि को होना चाहिए, जैसे पुलिस सुभाय
आयोजक को गहि रहे, औरन को टरकाय
औरन को टरकाय, बुला कर अपने घर पर
आयोजक की सेवा करे, खूब जी भर कर
अवसर जब मिल जाये, उसे भी दूर भगाये
चेले चाँटे ले कर, आयोजक बन जाये।

☙•❧

मास जुलाई मध्य ही, आता दिखे अगस्त
कविगण फूले फिर रहे, मनही मन हैं मस्त
मनही मन हैं मस्त, नये कपड़े सिलवाते
भूली हुई पुरानी, कविताएँ दोहराते
गर्मी गयी, आयी वर्षा, खुश है सबका मन
कवि–सम्मेलन का लो पुनः, आ गया मौसम।

☙•❧

कबिरा कविता घाट पर, पण्डों का है राज़
बिना भेंट इनको दिये, बने ना कोई काज़
बने ना कोई काज़, शरण इनकी बिन आये
पण्डों का सेवक, कवियों में श्रेष्ठ कहाये
कवि–सम्मेलन में इनके, सब सेवक आते
पण्डों के यजमान, माल तर उन्हें खिलाते।

☙•❧

मास जनवरी चल रहा, कवियों में है चाव
कवियों का बढ़ता सदा, इसी मास में भाव
इसी मास में भाव, दूर होता दीवाला
लेखक लुढ़के, पर कवियों ने लिया उछाला
कविता होती तेज, कहानी पड़ती ठण्डी
बाजारों से लालकिले तक, लगती मण्डी।

☙•❧

मिले निमन्त्रण चल रहे, दाँव–पेंच परपंच,
कवियों का सपना बना, लालकिले का मंच
लालकिले का मंच, लगे कुछ भैया तिकड़म
इस सरकारी बाड़े में, घुस जायें जो हम
मठाधीश परिषद के, और अकादमी वाले
जिसकी हिलती पूँछ, उसी को चारा डालें।

हिन्दी बिन्दी, चिन्दी

बड़ा निराला दोस्तों, मेरा हिन्दुस्तान
हिन्दी शर्मिन्दा करे, अँग्रेज़ी में शान
अँग्रेज़ी में शान, हमारी अज़ब कहानी
दासी हिन्दी बनी, बनी इंगलिश महारानी
विशेषज्ञ लोगों ने कर दी, इसकी चिन्दी
दाता बन गये आप, भिखारिन कर दी हिन्दी।

☯•☯

आँखों में आँसू भरे, होठों पर है प्यास
दिल्ली के दरबार में, हिन्दी खड़ी उदास
हिन्दी खड़ी उदास, फिर रही मारी–मारी
गेट आउट कह रहे उसे, अफ़सर सरकारी
अँग्रेजी बन रही, यहाँ आकर पटरानी
हिन्दी दासी बनी, फिर रही भरती पानी।

☯•☯

हिन्दी दिवस मना रहे, खुश होकर सब आज
मगर अभी तक है यहाँ, अँग्रेज़ी का राज़
अँग्रेज़ी का राज़, बात हिन्दी की करते
घर दफ्तर में, अँग्रेज़ी का ही दम भरते
अज़ब तमाशा देखा है, यह भारत ही में
समारोह हिन्दी का, निमन्त्रण अँग्रेज़ी में।

☯•☯

समझ सका ना सन्त भी, क्या है इसका मर्म
अँग्रेज़ी पर गर्व क्यों, हिन्दी से क्यों शर्म
हिन्दी से क्यों शर्म, हर बरस करें तमाशा
मगर राष्ट्र की बना न पाये, अब तक भाषा
हिन्दुस्तानी लोग, बाँह अँग्रेजी थामी
देश हुआ आजाद, मानसिक मगर गुलामी।

☙●❧

दिल्ली के दरबार में, हिन्दी करे पुकार
कब होगा मेरा भला, भारत में उद्धार
भारत में उद्धार, मिलेगा कब वह आसन
जिस पर बैठी अँग्रेज़ी, करती है शासन
कब तक यह अँग्रेज़ी, बनी रहेगी रानी
मैं दासी बन भला भरूँगी, कब तक पानी।

☙●❧

मित्र हम सभी चाहते, हिन्दी का सम्मान
लेकिन उसका हो रहा, घर में ही अपमान
घर में ही अपमान, उड़ रही उसकी चिन्दी
उसे समझते घटिया, जो भी बोले हिन्दी
अँग्रेज़ी दाँ ही कहलाते हैं, शासक सच्चे
हर आफिस में बैठे, देहरादूनी बच्चे।

☙●❧

हिन्दी का गुणगान, और अँग्रेज़ी का उत्थान करें
बात करें अँग्रेज़ी में, फिर हिन्दी पर अभिमान करें
अँग्रेज़ी है रानी, हिन्दी अब तक दासी बनी हुई
क्या यह शोभा देगा कि हम, रानी का अपमान करें
हिन्दी से सम्बन्धित यदि, सरकारी पद मिल जाये तो
हिन्दी जाये भाड़ में, निज मित्रों का कल्याण करें।

☙●❧

रे मन मूरख सम्भल जा, बहुत बजाया ढोल
हिन्दी दिवस मना लिया, अब अँग्रेज़ी बोल
अब अँग्रेज़ी बोल, यही इस्टेटस सिम्बल
अगर न मानी बात आज, पछताएगा कल
हिन्दी से तो काम न, चल पाएगा खाली
सुन्दर लगती अँग्रेज़ी में, दें यदि गाली।

॥●॥

चढ़ा दिये काफी हुआ, श्रद्धा के दो फूल
हिन्दी पखवाड़ा गया, अब हिन्दी को भूल
अब हिन्दी को भूल, मान ले बात हमारी
हिन्दी के चक्कर में पड़ना, लगती गारी,
हिन्दी के चक्कर में पड़, मारा जाएगा
बेटे को भी अफ़सर, नहीं बना पाएगा।

॥●॥

कह भारत को इण्डिया, मन की आँखें खोल
हिन्दी पखवाड़ा गया, अब अँग्रेज़ी बोल
अब अँग्रेज़ी बोल, व्यर्थ हिन्दी का स्यापा
बच्चों का तू नष्ट करेगा मित्र बुढ़ापा
सिंहासन पर यहाँ रहेगी, इंगलिश रानी
हिन्दी को तो भरना होगा, उसका पानी।

॥●॥

आखिर ये हैं कौन सब, पूछ रही सरकार
ले हिन्दी की माँग को, बैठे भूखे यार
ले हिन्दी का नाम, व्यर्थ कर रहे धमैया
कह दो देसी दाल, यहाँ पर नहीं गलेगी
नई सदी में, हिन्दी फिन्दी नहीं चलेगी।

रिश्वत, कालाधन, भ्रष्टाचार

मित्रों समझ न पा रहे, कहाँ जा रहा मुल्क
रिश्वत को कहने लगे, अब तो सुविधा–शुल्क
अब तो सुविधा–शुल्क, ले रहे खुल्लम–खुल्ला
रुकने वाली नहीं, करो कितना ही हल्ला
कहता सन्त विचार, विधेयक ऐसा लायें
रिश्वत को भी अब, कानूनन वैध बनायें।

☙•❧

सन्त समझ ना पा रहा, काले धन का भेद
काली होती भैंस पर, देती दूध सफेद
देती दूध सफेद, जहाँ जितना धन काला
होता वह समाज में उतना, इज्जत वाला
काले धन से इज्जत, धवल आज होती है
राजनीति बन दासी, चरण वहाँ धोती है।

☙•❧

अगर बढ़ रहे देश में, रिश्वत भ्रष्टाचार
इसकी चिन्ता आप क्यों, करते हैं बेकार
करते हैं बेकार, करो अपना मन चंगा
तुम भी धो लो हाथ, बह रही सम्मुख गंगा
इस चिन्ता में तन–मन अपना, नहीं जलाओ
अफ़सर मन्त्री कमा रहे, तुम भी जुट जाओ।

॥ॐ॥

या सरकरी भैंस की, गति जाने नहिं कोय
ज्यों-ज्यों बूड़े श्याम रंग, त्यों-त्यों उजली होय
त्यों-त्यों उजली होय, पचा कर काला पैसा
खाते-खाते माल, भैंसें हो गयी हैं भैंसा
टैक्स हजारों का, रोजाना चारा खाती
लोग माँगते दूध, मगर यह सींग दिखाती।

॥ॐ॥

सन्त सिफारिश राखिए, बिन इसके सब व्यर्थ
बिना सिफारिश कुछ नहीं, शिक्षा का भी अर्थ
शिक्षा का भी अर्थ, नौकरी बनती हव्वा
जब तक नही सिफारिश वाला, कोई पव्वा
मन्त्री अफ़सर नेता से कम, बात न बनती
बिना सिफारिश आफिस में, फाइल ना चलती।

॥ॐ॥

तू घर बैठा क्या करे, मेरे पूत कमाल
धन्धा चोखा चलेगा, बन जा कहीं दलाल
बन जा कहीं दलाल, कचहरी थाना दफ्तर
बिन दलाल के इनमें, नहीं घुसोगे भीतर
तू भी बेटा मान, कहीं फिट कर ले मौका
हल्दी बिना फिटकरी, रंग आएगा चोखा।

॥ॐ॥

मित्रों मेरे देश के, नेता हैं नादान
काला फालाधन कहें, करते हैं बदनाम
करते हैं बदनाम, तिजोरी उससे भरते
जिस थाली में खायें, छेद उसी में करते
लगे अक्ल का इनकी, हमको पिटा दिवाला
नीले-पीले नोटों को, कहते धन काला।

योजनाओं से हम भला, कैसे हों खुशहाल
हर फ़ाइल पर जब यहाँ, लिपटा फीता लाल
लिपटा फीता लाल, गाँठ लगती है गहरी
रह जाती है फ़ाइल भी, ठहरी की ठहरी
जीने का मित्रों फिर, कैसे मिले सुभीता
बँधा हुआ जब किस्मत की, फ़ाइल पर फीता।

यह सरकारी भैंस भी, होती बड़ी अजीब
इसके लिए समान सब, पूँजीपति गरीब
पूँजीपति गरीब, पचा कर दौलत काली
बड़े मजे से दफ़्तर में, कर रही जुगाली
रिश्वत देने वालों को, यह दूध पिलाती
खाली जिसकी जेब, सींग से उसे भगाती।

गोरा धन तो ले गयी, गोरों की सरकार
काले धन से चल रही, कालों की सरकार
कालों की सरकार, न मारो भैया छापे
फँस जायेंगे आप, सन्त कहता समझा के
चन्दा देने से न कभी, इनकार किया है
फिर क्यों काले धन पर, तुमने वार किया है।

मौसम की मार

जैसे-जैसे हो रहा, अब गरमी का जोर
पानी-पानी का मचा, सारे जग में शोर
सारे जग में शोर, सभी पर छाई उदासी
प्यासा राजस्थान देख, दिल्ली भी प्यासी
क्यों रहीम ने कहा, राखिए सब ही पानी
बैठी है सरकार, मरी हो जैसे नानी।

☙•❧

मौसम लेकर आगया, गरमी की सौगात
लम्बे-लम्बे दिन हुए, छोटी-छोटी रात
छोटी-छोटी रात, रात में सो ना पाते
कसम राम की, मच्छर हमको बहुत सताते
नयी सदी के नेता, चला रहे जो चक्कर
जरा मार कर पहले, हमें दिखाएँ मच्छर।

☙•❧

मास दिसम्बर दे रहा, सर्दी की सौगात
हवा तीर-सी लग रही, थर-थर काँपे गात
थर-थर काँपे गात, काटता देखो पानी
सदरी में पैबन्द, रजाई हुई पुरानी
नहीं किसी का हमें, आपही का बस सम्बल
मनमोहन जी हमें, एक भिजवा दो कम्बल।

☙•❧

बैठा बुझे अलाव पर, करता सन्त विचार
सहन नहीं हो पा रही, इस जाड़े की मार
इस जाड़े की मार, हो गया सब कुछ ढीला
कंगाली में इधर हो गया, आटा गीला
जियें तुम्हारे बच्चे, सुनो सोनिया माई
दे न सके मनमोहन, दे दें आप रजाई।

☙•❧

लो जाड़ा फिर आ गया, सोचे खड़ा कबीर,
चादर पिछले साल की, हो गयी झीरमझीर
हो गयी झीरमझीर, पुरानी फटी रजाई
पीर हमें मालूम, पैर में फटी बिवाई
मनमोहन जी सुनो, विदेशों में जब जायें
एक रजाई मेरे लिए, आप ले आयें।

☙•❧

कम्प्यूटर में कीजिए, ऐसी कुछ तरकीब
शीतलहर से कभी भी, मरे न कोई गरीब
मरे न कोई गरीब, न हो कोई भूखा घर
भूख न लगने दे जो, हो ऐसा कम्प्यूटर
जब भी माँगें, हमें पिलाये दूध—मलाई
गरमी में दे हवा, ठण्ड में दे गरमाई।

☙•❧

सरदी में भी कर रहे, मच्छर सबको तंग
करनी पड़ती जाग कर, रात—रात भर जंग
रात—रात भर जंग, सुनाएँ मच्छर लोरी
इस लोरी के साथ, नींद की करते चोरी
काटें मच्छर रात, रात भर बच्चा रोता
करो मच्छरों से भी अब, कोई समझौता।

☙•❧

सरदी जाते ही मचा, मच्छर का हुड़दंग
आया साथ मलेरिया, करने सबको तंग
करने सबको तंग, न बिजली मच्छरदानी
भारत में लाखों लोगों की, यही कहानी
भला लड़ेगी दुश्मन से, कैसे क्या खाकर
भारत की सरकार, मार जो सकी न मच्छर।

☙●❧

सरदी गयी गरम ऋतु आयी,
मच्छर बजा रहे शहनाई
भिन–भिन–भिन चहुँ दिसा सुहाई
भजन करहिं जनु बटु समुदाई
डी डी टी सब अफ़सर खाये
देखा तो मच्छर हरसाये
यों बोली मच्छर की मम्मी
बेटा यह सरकार निकम्मी
इससे नही मरेंगे मच्छर
इसीलिए तुम खेलो खुल कर
सबको खुब बुखार चढ़ाओ
अस्पताल में भीड़ बढ़ाओ
अगर मर गये सारे मच्छर
भूखों मर जायेंगे डाक्टर।

☙●❧

मौसम लेकर आ गया, मच्छर की सौगात
तंग कर रहा हर समय, दिन देखे ना रात
दिन देखे ना रात, करें क्या कहो विधाता
नींद न आती, मच्छर जब संगीत सुनाता
कौन सुनेगा उन लोगों की, करुण कहानी
जिनके पास न बिजली है, ना मच्छरदानी।

☙●❧

19

कबिरा खटिया पर पड़ा, मन में भारी क्लेश
मच्छर और मलेरिया, मिटा न पाया देश
मिटा न पाया देश, न कोई इन्तजाम है
इसे खत्म करने को पूरा, ताम–झाम है
खर्च किया धन बहुत, मरा ना कोई मच्छर
डी. डी. टी. खा–खा कर, मोटे हो गये अफसर।

☙•❧

गिरती बर्फ पहाड़ पर, दिल्ली बढ़ती ठण्ड
बारिश भी होने लगी, हवा चली प्रचण्ड
हवा चली प्रचण्ड, पैर में फटी बिवाई
सरदी में कुछ ज्यादा, तंग करे मँहगाई
मनमोहन जी आप, सुना है ज्ञानी–ध्यानी
नयी रजाई दिलवा दो, फट गयी पुरानी।

☙•❧

गरमी रंग दिखा रही, जीना किया हराम
बहुत सताया आपने, अब तो बरसो राम
अब तो बरसो राम, कोई लीला दिखलाओ
परेशान सरकार, उसे राहत पहुँचाओ
अबकी भी यदि आप, न बरसा पाये पानी
आ जाएगी याद, उन्हें भी अपनी नानी।

☙•❧

धूल हवा में घुल गयी, जीना हुआ मुहाल
लू के मारे हो रहे, लोग यहाँ बेहाल।
लोग यहाँ बेहाल, धूप हो गयी कटखनी
अबकी बार हो गयी, काफी दुर्गति अपनी
देगा सन्त दुआएँ, तुम्हें रोजाना जी भर
मनमोहन जी अगर आप, भिजवा दें कूलर।

☙•❧

तापमान नित बढ़ रहा, गरमी का है जोर
पानी—पानी का मचा, भारत भर में शोर
सूरज को यौवन चढ़ा, उगल रहा है आग
और झुग्गियों में यहाँ, आग खेलती फाग
छाया भी गरमा रही, लू चलती विकराल
गरम हवा ने पी लिये, जोहड़ पोखर ताल
छुटा पसीना तर—बतर, हो गया शिथिल शरीर
पानी—पानी कर रहे, राजा रंक फकीर।

☙●❧

गरमी ने इस बार, तेज तेवर दिखलाये
झुलस रही है घास, और पौधे कुम्हलाये
मोर कर रहे शोर, रुदन कर रहा पपीहा
कब आएगा बादल बन कर, यहाँ मसीहा
दिल्ली बनी तन्दूर, बना भट्ठी हरियाना
दहका राजस्थान, तप रहा तवा समाना
पैसे वाले पहुँचे, नैनीताल भवाली
मर गये लू से लोग, पेट था जिनका खाली।

☙●❧

काफी किया विचार, पर समझ न आया रोग
जब भी लू चलती यहाँ, मरते हैं क्यों लोग
मरते हैं क्यों लोग, हर बरस यही कहानी
रोटी तक तो दूर, नहीं मिल पाता पानी
इसकी चिन्ता यहाँ, न कोई भी करता है
भूखा भी होता है जो, लू से मरता है।

☙●❧

हर मौसम में सिद्ध है, अपना देश महान
ठण्ड पड़े या लू चले, जायें सैकड़ों जान
जायें सैकड़ों जान, गरीबी है दुखदाई
भूखा होता पेट, न होती पास रजाई
भारत में निर्धनता का तो, यही दण्ड है
भूख गरीबी मारे, पर बदनाम ठण्ड है।

ॐ•ॐ

शीतलहर चल रही, पैर में फटी बिवाई
पाँच साल चल गयी, पुरानी हुई रजाई
लोग ठण्ड से मरे, खबर पढ कर वह बोले
क्यों जाते हैं लोग, ठण्ड में बाहर भाई
क्यों नहीं कमरों में, वे हीटर रोज जलायें
जाड़े की सबसे अच्छी है, यही दवाई।

ॐ•ॐ

आया पुनः मलेरिया, थर–थर काँपे गात
मच्छर सोने दें नहीं, कटे जागते रात
कटे जागते रात, बन गयी विकट कहानी
दे न सकी सरकार, आज तक मच्छरदानी
अस्पताल में दवा नहीं, किस–किस को कोसें
हम तो जीते आये, सदा ही राम भरोसे।

होली का त्योहार

लो भैया फिर आ गया, होली का त्योहार
भाभी जनता बन गयी, देवर है सरकार
देवर है सरकार, भिंगो दी भाभी की सारी
दाम बन गये रंग व मँहगाई पिचकारी
ऐसे छींटे मारे, छुटते नहीं छुटाये
काँप रही है भाभी, देवर उधम मचाये।

☙•❧

आया फागुन मास तो, हो गयी मस्त बयार
अबकी होली खेलती, जनता से सरकार
जनता से सरकार, कर रही खूब ठिठोली
घटे बताये दाम, मान लो है भई होली
खेली ऐसी होली, हो गये नखरे ढीले
बिना अबीर गुलाल, पड़ गये चेहरे पीले।

☙•❧

निकट आ गया झूम कर, होली का त्योहार
रंग–बिरंगी हो गयी, भारत में सरकार
भारत में सरकार, केन्द्र में हरियाली है
पीला भारत मध्य, लाल तो बंगाली है
महाराष्ट्र में फिर आयी, सरकार तिरंगी
भारतमाता ने पहनी, साड़ी सतरंगी।

☙•❧

फागुन में आनन्द है, लूट सके तो लूट
तू भी चोरी ब्लैक कर, मिली हुई है छूट
होली का त्योहार है, क्यों बैठा बेहाल
सरकारी पुतला बना, उस पर कीचड़ डाल
होली पर क्यों हो रही, तेरे मन में पीर
जनता दल का है नहीं, तू तो कोई वजीर
होली का त्योहार है, मत हो मित्र उदास
मन्त्री बनना है अगर, जा मनमोहन पास।

ॐ•ॐ

सरदी सिर पर आ गयी, खाली पड़ा लिहाफ़,
दीवाली तो आयी, पर जेब हो गयी साफ
जेब हो गयी साफ, मगन है लेकिन लाला
दीवाली ने पीट दिया, अपना दीवाला
दीवाली के बाद रहेगा, हफ्ता भारी,
बीड़ी सिगरेट पान चलेगी, चाय उधारी।

ॐ•ॐ

आया फागुन मास, तो होती मस्त बयार
गोरी इठलाती फिरें, ज्यों फिरती सरकार
अँगड़ाई लेने लगे, फिर टेसू के फूल
मतवारे भँवरे फिरें, गये रास्ता भूल
फिर रुनझुन बजने लगी, गोरी की रमझोल
चलो चलें उस गाँव में, जहाँ बज रहे ढोल
जाकर हमको शहर में, भूल गये क्यों मीत
फागुन में प्यारे लगें, गाली सण्टी गीत।

स्पेशल आइटम

नेता अफ़सर आज के, हो गये मित्र महान
अब जनता की पहुँच से, इनके दूर मकान
इनके दूर मकान, बढ़ रही है नित दूरी
इनके पास पहुँचती है, हर बात अधूरी
जनता कैसे रहे, बताओ इनके हक में
जिसको पूछो बाथरूम में, या बैठक में।

☙•❧

नेतागीरी बन गयी, ला-इलाज अब रोग
राजनीति में घुस गये, कैसे-कैसे लोग
पैसा इनका धरम, और ईमान यही है
धोखा झूठ फ़रेब, मच रही आपा-धापी
निधड़क घूमें पुण्य-लबादा पहने पापी।

☙•❧

बापू उठो समाधि से, देखो आकर हाल
राष्ट्रपिता के बाल की, खींच रहे हैं खाल
खींच रहे हैं खाल, जमाना कैसा आया
कड़वी बातें करें, नाम कल्याण धराया
अब इस युग में यहाँ, आपका नहीं ठिकाना
कभी भूल कर भी, गाँधी भारत मत आना।

☙•❧

मित्र अकल तेरी गयी, लगता चरने घास
समरथ को नहीं दोष कछु, कह गये तुलसीदास
कह गये तुलसीदास, उसे तू जान न पाया
सन्त बना फिरता है बिरथा, जनम गँवाया
अब भी प्यारे समय सोच में, मत पड़ ज्यादा
राजनीति या धर्मक्षेत्र का, बन जा दादा।

❦

दादागीरी देश में, बहुत बढ़ गयी सन्त
जटिल समस्या हो गयी, कहीं न दिखता अन्त
कहीं न दिखता अन्त, रेल–बस–बाजारों में
सभी लोग हैं आज, इन्हीं के अधिकारों में
राजनीति में दादाओं का, दम कुछ ज्यादा
हर दल में बैठा है, सबके सिर पर दादा।

❦

दलित समर्थक कौन है, दलित विरोधी कौन
अब मत इस पर बहस कर, प्यारे हो जा मौन
प्यारे हो जा मौन, बहस से नहीं फ़ायदा
कह कुछ का कुछ मित्र, यहाँ का यही कायदा
काँग्रेस से सीख, नहीं कर रही मुनादी
दलितसमर्थक बनी, बनी है ब्राह्मणवादी।

❦

जिधर चाहता है उधर, देता है मुँह मार
अमरीका की धौंस से, सहमा है संसार
सहमा है संसार, न दिखता नेक इरादा
दिखा मिसाइल टैंक, बना दुनिया का दादा
नये फैसले किये लोग, दिखते घबराये
पता नहीं है कब किस पर, हमला हो जाये।

❦

दलित नाम की लूट है, लूट सके तो लूट
बीजेपी में पड़ रही, दलित नाम की फूट
दलित नाम पर फूट, शुरू हो रही लड़ाई
नेता कहते दलित, नहीं वह तो ईसाई
सोच रहे अडवानी, क्या आ गया जमाना
कुपित दीखते विजया, राजे और खुराना।

☙●❧

कीकर और करील उगे हैं, राजनीति के वन में
झाउ–झुण्डों का डेरा है, फूलों के उपवन में
आक धतूरा और झवाँसा, है केसर क्यारी में
फिर सुगन्ध का सपना होगा, व्यर्थ पालना मन में
सूख रहे सब स्रोत, हो रही हैं नदियाँ रेतीली
नहीं ओस की बूँदों से, आएगा रस जीवन में
दूब लगाने वाले अब, झड़बेरी रोप रहे हैं
फिर काँटे क्यों नहीं चुभेंगे, आते–जाते तन में।

☙●❧

लोकतन्त्र की लीला न्यारी,
तीरथ बन गयी दिल्ली प्यारी
तस्कर चोर लुटेरे सारे,
इस तीरथ के सब रखवारे
बड़े घाट पर बैठा पण्डा,
लिये हाथ में मोटा डण्डा
जो पण्डे को शीश झुकाये
उसे न कोई संकट आये
रिश्वत पूजा, दान कमीशन,
जो दे उसे सभी परमीशन
सबकी ढपली अलग नफीरी,
गधे खा रहे यहाँ पंजीरी।

☙●❧

यह सब सुन कर सभी ने, किया बुरा महसूस
सरकारी अफ़सर बने, दुश्मन के जासूस
दुश्मन के जासूस, पकड़ में अब वे आये
जाने कितने राज, विदेशों में पहुँचाये
यहाँ सुरक्षित नहीं कोई, अब इसमें शंका
घर के भेदी जला रहे हैं, अपनी लंका।

☙•❧

नेता से हमने कहा, बन कर कुछ अनजान
श्रीमन हमें कराइये, राजनीति का ज्ञान
राजनीति का ज्ञान सुनो, बोले नेताजी
सबसे पहले आप, गधे को कहें पिताजी
जब मौका मिल जाये, उसी पर करें सवारी
राजनीति की मित्र यही है, नीति सारी।

☙•❧

समझ न आयी बात, यह काफी किया विचार
रमण करें क्यों देवता, जहाँ पूजते नार
जहाँ पूजते नार, वहाँ वह क्यों ना जाते
तेल छिड़क कर लोग, नारियाँ जहाँ जलाते
इस सवाल का हमें, न मिल पाया जवाब है
लगता है देवों की भी, नीयत खराब है।

☙•❧

हर अफ़सर को मिल रहा, यह सरकारी मन्त्र
हावी रखिए देश में, सदा लोक पर तन्त्र
सदा लोक पर तन्त्र, बजे सरकारी ढपली
जनता तड़पे यहाँ, जाल में जैसे मछली
जनता का क्या है, वह तो सब जी लेती है
कितनी मार लगाओ, सबको पी लेती है।

☙•❧

कहती है सरकार कि, खुश हो रहा किसान
मगर यहाँ तस्वीर कुछ, करती और बयान
करती और बयान, बढ़ा बेशक उत्पादन
पा ना सका किसान, मगर जीने का साधन
जूती फटी सलूका, मैला अद्धा धोती
इनसे ही पहचान, अभी तक उसकी होती।

☙•❧

यूँ तो काफी घोषणा, करती है सरकार
मगर न अब तक हो सका, निर्धन का उद्धार
निर्धन का उद्धार, जुलाहा धोबी नाई
घोर गरीबी, इन सबही के घर पर छाई
लुहार बढ़ई धुनिया, तेली चमड़ा कारीगर
इन सबकी पहचान, बिना छप्पर होता घर।

☙•❧

मेरे प्यारे देश का, क्या होगा अंजाम
बदनामी के कर रही, पुलिस यहाँ पर काम
पुलिस यहाँ पर काम, दरोगा और सिपाही
दो नम्बर की सभी कर रहे, यहाँ कमाई
जनता और पुलिस में जब तक, ठन ना जाती
तब तक कोई जाँच नहीं, सरकार कराती।

☙•❧

पुलिस हमारे देश की, करती खूब कमाल
फँस कर वह रह जाये, जिस पर यह डाले जाल
जिस पर यह डाले जाल, साहु को चोर बना दे
बड़े–बड़ों को थाने लाकर, मार लगा दे
कर देती मुठभेड़, अगर की जोरा–जोरी
कहे साहु से जाग, चोर से कहे–कर चोरी।

☙•❧

पंचभूत में आप तो, मिल कर हो गये मौन
अब किसान की बात, को यहाँ करेगा कौन
यहाँ करेगा कौन, लग रहा खाली–खाली
बैठे बैल उदास रह गया, हल बिन हाली
बिना चौधरी, बिखर जाएगा कुनबा सारा
देगा इनको कौन, आपके बिना सहारा।

॰॰॰

बस्ती जनपद में दिखे, ज्यों हाजी मस्तान
यू पी की सरकार के, खड़े हो गये कान
खड़े हो गये कान, भेद काहू ना जाना
यू पी में क्यों बार–बार, आता मस्ताना
पहले ही हैं यहाँ मस्त, तुम जैसे काफी
जा भैया बम्बई, हमें बस दे दे माफी।

॰॰॰

बैठी हुई चिनाब तट, आज रो रही हीर
दुखियारे पंजाब की, सही न जाती पीर
सही न जाती पीर, हीर को धीर बँधाओ
प्यारे वारिसशाह, कहाँ हो फिर आ जाओ
राँझे को समझाओ, हीर को वह अपनाये
गीत प्रेम के गाये, ना बन्दूक उठाये।

॰॰॰

अक्टूबर आता सदा, ले गाँधी की याद
मगर देख हालात को, मन में है अवसाद
मन में है अवसाद, विरासत जो थी गाँधी
बाद आपके बँट कर, रह गयी आधी–आधी
सरकारी हिस्से में उनकी, लाठी आयी
जनता को तो सिर्फ, लँगोटी ही मिल पायी।

॰॰॰

लो फिर आया जन्मदिन, एक साल के बाद
बन कर बगुला भगत सब, उन्हें कर रहे याद
उन्हें कर रहे याद, पहन चोला खादी का
रिश्वत में भी नाम आज, लेते गाँधी का
सत्य अहिंसा का अब, यहाँ कबाड़ हो गया
नाम तुम्हारा, दुष्कर्मों की आड़ हो गया।

☙•❧

पीला पदक न मिला तो, कर मत मन में क्लेश
रहा पुराने समय से, त्यागी अपना देश
त्यागी अपना देश, यही सन्तों की वाणी
त्याग और के लिए करें, भारत के प्राणी
त्याग यहाँ का अच्छा, फल देता है आगे
एशियाड में सोने के, तमगे यों त्यागे।

☙•❧

पुरुष न सोना ला सके, बहस न कर बेकार
सोने से महिलाओं को, सदा रहा है प्यार
सदा रहा है प्यार, पदक हो या आभूषण
महिलाओं में ही होता, इनका आकर्षण
एशियाड में हमको मिलता, केवल भूसा
अगर न होती वहाँ साथ में, पी टी ऊषा।

☙•❧

नेता ऐसा चाहिए, जैसा साँप सुभाय
इधर–उधर टेढ़ा चले, बिल में सीधा जाय
बिल में सीधा जाय, बुलाये जब भी दिल्ली
पहुँचे बन कर वहाँ, हमेशा भींगी बिल्ली
लौट वहाँ से शेषनाग–सा, रूप दिखाये
दिल्ली के बिन पूछे, बाथरूम ना जाये।

☙•❧

लम्बी फैले लान में, खड़ा सोचे सन्त कबीर
रोजगार का मामला, हुआ द्रौपदी चीर
हुआ द्रौपदी चीर, नहीं काबू आता है
नयी नौकरी, पैसे वाला पा जाता है
रोजगार को नाम, जवानी में लिखवाया
खड़े–खड़े लाइन में मगर, बुढ़ापा आया।

ॐ•ॐ

कब होगा मित्रों यहाँ, गाँवो से इंसाफ
गन्दी गलियाँ आज भी, मिले न पानी साफ
मिले न पानी साफ, सुने शहरों के छैला
गाँवों में अब भी ढोते हैं, सिर पर मैला
अस्पताल बिजलीघर, कालेज दफ्तर सेवा
नहीं मिला गाँवों को, यह सरकारी मेवा।

ॐ•ॐ

सोने की चिड़िया रहा, कभी हमारा देश
यही सोच कर हो रहा, मन को बड़ा कलेश
मन को बड़ा कलेश, बीट ही बाकी है अब
कविता लिख चिड़िया पर, दिखा रहे कवि करतब
कहें सत्य अज्ञेय, झूठ नहीं राई रत्ती
उड़ गयी चिड़िया, काँपी फिर थिर हो गयी पत्ती।

ॐ•ॐ

आजादी की जब मिली, भारत को सौगात
जनता थी तब नींद में, तब थी आधी रात
तब थी आधी रात, जगे थे चोर–लुटेरे
जाग रहे थे, नेता और अफसर बहुतेरे
जो जगते थे उन्हें, मिली आजादी भारी
सोती जनता, आजादी से वंचित सारी।

ॐ•ॐ

देश तरक्की कर रहा, हमें पूर्ण विश्वास
रेल आँकड़े बन गये, कछुआ बना विकास
कछुआ बना विकास, रेंगता धीरे–धीरे
खूब करी पड़ताल, कहानी ऐसा कहती
कागज पर नलकूप, नहर फाइल में बहती।

☙❀❧

मित्रों अपना देश भी, कितना अधिक महान
यहाँ हजारों घूमते, जीवित ही भगवान
जीवित ही भगवान, भीड़ चेलों की लेकर
जनता को ठगते, गोली अफीम की देकर
कोठी कार जहाज, यहाँ इन भगवानों पर
तन पर कपड़े नहीं, भक्तगण इनसानों पर।

☙❀❧

राजनीति के खेत में, लम्बी–लम्बी घास
चुगने वाले चुग रहे, हम तो खड़े उदास
हम तो खड़े उदास, सन्त बन कर पछताये
मोटे वह हो गये, खेत में जो भी आये
कोई न सुनने वाला, रो ले चाहे गा ले
कविता लेखन छोड़, राजनीति अपना ले।

☙❀❧

मित्रों अपने देश की, कैसी बिगड़ी चाल
जनता निर्धन हो रही, नेता मालामाल
नेता मालामाल, बड़ा हो या हो छोटा
खा जनता का माल, हो रहा दिन–दिन मोटा
जन–सेवा का नाम, कर रहे अपनी सेवा
हमें न रोटी मिलती, वे खाते हैं मेवा।

गीत ग़ज़ल

लोकतन्त्र वाले शासन की, यह भी तो लाचारी है
जनता खच्चर बनी हुई है, शासक बना सवारी है
नैतिकता आदर्श न खोजो, इस गुण्डों की बस्ती में
उतना ही सम्मानित है, जो जितना भ्रष्टाचारी है
निर्धन को निर्धन होना है, धनवानों को और धनी
पैसे का वर्चस्व हुआ, उस पर ही मारामारी है।

☙•❧

जिसको फर्जी मानते, प्यादा नज़र आया हमें
आज भ्रष्टाचार कुछ, ज्यादा नज़र आया हमें
हम भरोसा कर रहे, जिन पर मसीहा मान कर
वह तो तिकड़मबाज था, सादा नज़र आया हमें
हों मुलायम या हों लालू, या हों अडवाणी अजीत
दुम उठाई जिसकी, वह मादा नज़र आया हमें।

☙•❧

आ गयी बरसात फिर, मौसम सुहाना हो गया
मच्छरों का फिर यहाँ, जारी तराना हो गया
कोसता होरी गरीबी को, बहुत बेचैन है
बन नहीं पाया नया छप्पर पुराना हो गया
बाढ़ आयेगी खुलेंगी, राहतों की पेटियाँ
अफ़सरों की सैर पिकनिक, का ठिकाना हो गया।

☙•❧

तप रहा है देश सारा, भाई जी
अब रजाई का न झंझट आप लें
गर्म है मन्दिर का मस्जिद का अलाव
ठण्ड लगती है तो इस पर ताप लें
फट गयी बनियान, निक्कर तंग है
शर्म लगती है, तो चेहरा ढाँप लें
बढ़ रही मँहगाई, बढ़ने दीजिए
मार कर छापे न उनका शाप लें।

मुद्दे मूल्य व्यर्थ की बातें, आस न कर सरकारों से
जो भी कुर्सी पर आया है, काम चलाता नारों से
जब भी जिसको हमने अपनी, रखवाली का काम दिया
खतरा हमको हुआ बाद में, उन ही पहरेदारों से
आयी बाढ़ बताओ कैसे, राहत का बँटवारा हो
पूछ रहे हैं नेता अफसर, घर के ठेकेदारों से
उन्हें देश की चिन्ता भी है, घने सोच में डूबे हैं
संकट के बादल छँट जाये, उनके रिश्तेदारों से।

धन दौलत की कमी नहीं है, मेरे देश महान में
कर्जदार पैदा होता है, बच्चा हिन्दुस्तान में
जब जनता चिल्लाती है, नेता अँगड़ाई लेते हैं
वरना लेटे रहते हैं वे, तेल डाल कर कान में
कोठी बँगला महल हवेली, खाली–खाली दिखते हैं
दस–दस लोग यहाँ रहते हैं, पच्चीस गजे मकान में।
धन सत्ता का नशा चढ़ा है, ऐसा उन की आँखों पर
फर्क नही कर पाते हैं वे, कीड़े में इनसान में।

आज खण्डित कर रहा है, देश की यह एकता
धर्म ने बन्दी बना ली, है धरम निरपेक्षता
राष्ट्रवादी छद्म ये, इनसे रहें सब सावधान
अपनी कुर्सी से ही इनका, रह गया है वास्ता
राजनीति में घुसे, गैंती कुल्हाड़ी–फावड़े
फिर भला समतल कोई, कैसे रहेगा रास्ता।

☙●❧

मन्दिर–मस्जिद लड़ा रहे हैं, आज यहाँ इनसानों को
डुबो रहे गम के सागर में, लोग सुरीली तानों को
राजनीति के कोठों के अब, नेता ठेकेदार बने
मसल रहे खिलती कलियों को, छीन रहे मुस्कानों को
मन्दिर–मस्जिद से हट कर भी, काफी और समस्या है
है कोई जो यह समझाए, आकर इन नादानों को।

☙●❧

गोली का उत्तर गोली, तो हर जवाब गोली होगा
गोली का जोड़ घटाव करो, तो हर हिसाब गोली होगा
गोली का आतंक, किसी गोली से अन्त नहीं होता
गोली चला रहा है जो, गोली से सन्त नहीं होता
गोली से छलनी हुए राज्य को, नहीं जरूरत दम खम की
गोली से जख्म बने हैं जो, अब उन्हें जरूरत मरहम की।

☙●❧

सूखे खेत न घबरा प्यारे, गमलों में हरियाली है
उनका पेट भरा राहत से, बेशक तेरा खाली है
पानी माँग रहा है उनसे, जिनकी आँख बिना पानी
उनके जाम भरे दारू से, रीती तेरी प्याली है
सूखा हो या बाढ़ यहाँ पर, सरकारी त्योहार सभी
होली फसल हो गयी तो क्या, उनकी तो दीवाली है।

☙●❧

भरे हैं अन्न के भण्डार, उनका पेट खाली क्यों
हमारे घर अन्धेरा, और तुम्हारे घर दिवाली क्यों
कहा था आपने, देखेंगे दुनिया को दिखाना है
नहीं देखा कभी तुमने, कि हर बच्चा सवाली क्यों
अगर हक माँगते हैं लोग, बाहर सड़क पर आकर
तुम्हें हक माँगना उनका भला, लगता है गाली क्यों।

☙•❧

अशिक्षा और मँहगाई, गरीबी भूख बेकारी
व्यवस्था से मिली मित्रों, हमें सौगात यह सारी
इन्हें मन्दिर बनाना है, उन्हें मस्जिद बनानी है
इसी झगड़े में उलझी है, हमारी कौम अब सारी
उड़ा कर माल चिकने, चाटते चूरन पचाने को
कुपोषण से इधर होती है, बचपन से ही बीमारी।

☙•❧

देश का देखो मुकद्दर, आज दंगे हो गये
छोड़ कर इंसानियत, इनसान नंगे हो गये
हम शराफत का जिन्हें, पुतला समझते आज तक
धार्मिक उन्माद में, वह भी लफंगे हो गये
लग रहा कर्फ्यू शहर में, सेठ जी की मौज है
जो छुपाया माल, उसके भाव चंगे हो गये।

☙•❧

हाल हुआ सरकारी, यहाँ शेखचिल्ली का
करें भरोसा कैसे, बोलो अब दिल्ली का
कई साल बीते, लाशों का ढेर लग गया
कब तक खेल चलेगा, यह चूहे–बिल्ली का।

☙•❧

आँकड़ों में फाइलों में, कम हुई मँहगाई है
मन्त्री ने बात, संसद को यही बतलायी है
दाल ढाबे की हुई मँहगी, हैं मँहगी रोटियाँ
मन्त्री जी क्या कभी, ढाबे की रोटी खायी है
मिर्च जीरा और धनिया, लौंग भी अमचूर भी
अब तो चटनी भी बहुत दिन से, न हमने खायी है
घोषणा से आपकी, हमको खुशी होती नहीं
क्या कहें मँहगाई से तो, जान पर बन आयी है।

साम्प्रदायिकता की आँधी, चल रही है देश में
सेकुलर बनते थे जो, वह आज सारे डर गये
झोंपड़ जुम्मन ने बनवाया था, परसों शाम ही
राख में तब्दील, दंगाई उसे भी कर गये
मर गया होरी, अभी गोदान करना था उसे
स्वप्न गोबर ने जो देखे थे, सभी वह मर गये
कल बनी बैठी थी दुल्हन, राजरानी जाहिदा
स्वप्न आँखों में थे कल, पर आज आँसू भर गये
शहर में कर्फ्यू लगा, दंगाई छुट्टे घूमते
जो भी करना था, पुलिस मौजूदगी में कर गये।

नेताओं ने आज बना दी, राजनीति हत्यारी
ठेकेदार धर्म के बन गये, लाशों के व्यापारी
पूरब पश्चिम उत्तर दक्षिण, जलती सभी दिशाएँ
जिधर देखते उधर हो रही, अब तो मारामारी
जिसके जो जी में आता है, कहता है करता है
शासन क्यों है मौन न जाने, क्या उसकी लाचारी
कर्फ्यू गोली छुरे चल रहे, बम के हुए धमाके
घायल घूम रही है रोती, भारत माँ बेचारी।

आओ एक बनायें मन्दिर, ऐसा प्यारा–प्यारा
मस्ज़िद भी हो जिसमें, जिसमें चर्च और गुरुद्वारा
नफ़रत की जो आग लगी है, उसको आज बुझायें
सही धर्म की परिभाषा क्या, लोगों को बतलायें
जो नफ़रत के बीज बो रहे, उनका मुँह हो काला
भारत में अब प्रेम शान्ति का, फैले अमर उजाला
इनसानों की लाशों पर जो, सेंक रहे हैं रोटी
उनके मन में पाप भरा है, नीयत भी है खोटी।

नेता कहते दाम घटे, पर कमर तोड़ मँहगाई है
वक्तव्यों पर नेताओं के, आती हमें रुलाई है
मन्दिर–मस्ज़िद के झगड़े ने, सबका बण्टाधार किया
इधर दीखता कुआँ, उधर जायें तो गहरी खाई है
जय श्रीराम लगा कर नारा, मन्दिर–मस्जिद तोड़ रहे
आज राम के आदर्शों की, खूब हुई रुसवाई है
भूख गरीबी बेकारी की, बातों से वह चिढ़ते हैं
जब जब हमने रोटी माँगी, लाठी गोली खायी है।

नेतागीरी हो गयी है ठप्प, चलनी चाहिए
है नयी सरकार, कुछ आदत बदलनी चाहिए
तेरी झुग्गी में नहीं तो, मेरी झुग्गी में सही
हो कहीं भी आग, लेकिन आग जलनी चाहिए
सिर्फ अग्निकाण्ड करना ही, मेरा मकसद नहीं
कुछ नयी झुग्गी यहाँ पर, और डलनी चाहिए
चल लगायें आग, फिर बाँटेंगे उनको रोटियाँ
राजनीति झुग्गियों में, और चलनी चाहिए।

राजनीति भी हमें कहाँ से, कहाँ आज ले आयी है
हर चेहरे पर भय की रेखा, खिंची उदासी छायी है
बात हो रही मन्दिर की, मस्जिद की गुरुद्ववारों की
काट रहे हैं आज लोग जड़, देखो भाईचारे की
राम तुम्हीं आकर समझाओ, बी जे पी अडवानी को
लिखें न आगे और खून से, अपनी राम कहानी को
हमको भजन नमाज चाहिए, घर–घर हाहाकार नहीं
आज देश की माँग अमन है, लाशों का व्यापार नहीं।

मँहगाई का रोना मत रो, राम नाम का जाप करें
अब केवल मन्दिर की बातें, निस दिन हमसे आप करें
तीस रुपए में अगर, किलो मिलता है बैंगन मिलने दें
घी और तेल हो गया मँहगा, इसका नहीं विलाप करें
लौकी जैसी चीज आज, दिखती है दुर्लभ दिखने दें
मन्दिर–मस्जिद चाट–चाट कर, खत्म भूख का ताप करें
पैट्रोल डीजल मँहगा है, होने दें क्या पीना है
चलो कारसेवा में चल कर, दूर सभी सन्ताप करें।

नयनों में सूनापन केवल, तन सूखा तरुणाई का
आओ प्यारे मीत सुनाएँ, गीत तुम्हें मँहगाई का
फटी रजाई खेस पुराना, चादर झीरमझीर हुई
किस्सा केवल इतना ही है, युग के हातिमताई का
पतली हो गयी दाल, तेल की धार मसाले छूमन्तर
सालन सपना आज बना है, अपने जुम्मन भाई का
व्यर्थ गया गोदान नरक में, जीता बेचारा होरी
नहीं भविष्य बना है कोई, गोबर की तरुणाई का।

फटी बिचाई पैर में, बहुत सताती पीर
टूटी खटिया खरहरी, शिशु भी पड़ा अधीर
दिनकर जी का हो गया, सारा व्यर्थ विचार
मँहगाई में बन गयी, लँहगे की सलवार
रोटी का तो कर सके, नेता नहीं जुगाड़
मगर हमारे दर्द में, रोये बुक्का फाड़
देते हैं वे लोग जो, सदा हाथ का साथ
उनकी किस्मत में लिखा, आजीवन फुटपाथ।

॰॰॰

ज़र्रा—ज़र्रा डरा हुआ है, पत्थर भी घबराया है
बस्ती की वीरानी रोती, किसने इसे जलाया है
नजमा रोती सीता रोती, राधा और जुलेखा भी
ओ वोटों के सौदागर! क्यों तू ने इन्हें रुलाया है
किसना मरा करीम मर गया, रामू नूर इलाही भी
मन्दिर—मस्जिद की वेदी पर, किसने इन्हें चढ़ाया है
गली—गली में घूमे थे, तुम कहते थे सद्भाव बना
भारत माँ के आँचल पर, फिर किसने दाग लगाया है।

॰॰॰

मन्दिर खड़ा उदास, उदासी मस्जिद में भी छायी है
किसका था वह भक्त, यहाँ पर किसने आग लगायी है
कत्ल हो रहा मानवता का, गीता जली कुरान जली
छप्पर जला करीमबख्श का, रामदीन की छान जली
दंगा करनेवालों का, कोई दीन—ईमान न था
मार दिया उन बच्चों को भी, जिन्हें धर्म का ज्ञान न था
राजनीति की गट्ठी में, लाशों का ईंधन झोंक रहे
पाले बना दिये धर्मों के, ताल देखिए ठोंक रहे।

॰॰॰

41

बीज जहर का बोने वालों! क्या करते यह ध्यान नहीं
जितना सस्ता बना दिया, उतना सस्ता इनसान नहीं
क्यों अबोध बच्चे मारे, क्यों महिलाओं का कत्ल किया
वोटों के आगे लगता, तुमको कोई पहचान नहीं
हत्या आगजनी करके नित, क्यों दहशत फैलायी है
इससे लगता तुमको प्यारा, अपना हिन्दुस्तान नहीं
शहर बनाये हैं मुर्दाघर, लेकिन तुम यह भूल गये
लाशों के ढेरों पर, कुर्सी का मिलना आसान नहीं।

☙•❧

आज मेरे देश को क्या हो रहा
जागता हैवान इंसाँ सो रहा
धर्म नेताओं का धन्धा बन गया
आदमी इस बोझ को ही ढो रहा
ढेर लाशों के लगे हैं हर जगह
आज हर कोने में दंगा हो रहा
मर रहे बच्चे जवाँ बूढ़े सभी
लाश माँ की देख बच्चा रो रहा।

☙•❧

आ रहा है धन विदेशी, देश में क्यों बेहिसाब
देशहित में सूचना है, ध्यान से सुनिए जनाब
कम्पनी बन कर कभी, अँग्रेज आये थे यहाँ
राज फिर हम पर किया और कर गये खाना खराब
आप न्यौता दे रहे फिर, कम्पनियों को यहाँ
साफ चेहरा दिख रहा है, उठ गया सारा नकाब
भुखमरी बेराजगारी और मँहगाई के सब
प्रश्न मुँह बाये खड़े हैं, दीजिए इनका जवाब।

☙•❧

बुझ गयी सब आग, बाकी कोई चिनगारी नहीं
है यही हालत हमारी भी, तुम्हारी भी यही
लोग अपने साये से भी, डर रहे हैं आजकल
सूरतें कहने लगी हैं, बात सारी अनकही
आ रहा है धन विदेशी, देश में अब सोच मत
दूध की नदियों में प्यारे, अब जमायेंगे दही
स्वार्थ में डूबे हुए, नेता नहीं सुधरे अगर
देश को फिर टूटना है, अब नहीं तो फिर सही।

☙•❧

सूखा इधर पड़ा है, उधर माल तर बने
उजड़े अनेक घर, मगर कुछेक घर बने
ऐलान हो रहा है कि, राहत जुटायेंगे
अखबार में ऐलान की, अच्छी खबर बने
सूखा निरख के यान से, मन्त्री ने यूँ कहा
अगले बरस से पहले, यहाँ इक नहर बने
सर्वेक्षण के नाम पे, घूमेंगे सारे देश में
टी ए बनेगा खूब, जो लम्बा सफर बने।

☙•❧

कर हाथ साफ एक, डबल आमलेट पर
वे सोच रहे देश में, भूखों के पेट पर
सूखे के गम में खुल रही, दारू की बोतलें
मुर्गा उड़ा रहे हैं, चपाती लपेट कर
बारिश नहीं हुई है, तो आँसू बहायेंगे
ऐसी चला के मखमली, गद्दों पे लेट कर
सूखा मगर बुरा है, पर उनको सुहा रहा
घर लौटते हैं रोज ही, राहत समेट कर।

☙•❧

जिसको जिम्मा दिया, बाग की हमने रखवाली का
नहीं काम सन्तोषजनक, यदि रहता उस माली का
यही चमन के हित में, जल्दी उसे बदलना होगा
आगे उस पर निर्भर रह, अपने को छलना होगा
फूलों की मुस्कान न छीने, पौधा ना मुरझाये
बाड़ नहीं वह शुभ होती, जो स्वयं खेत को खाये
जो रखवाली करे खेत की, ऐसी बाड़ लगा दें
खड़ा बिजूका बीच खेत में, इसको चलो हटा दें।

☙•❧

जो खिले थे फूल, मुरझाये सभी फिर झड़ गये
कुछ हरे पत्ते बचे थे, आज पीले पड़ गये
हो गया कड़वा समन्दर और सूखा है कुआँ
झील गन्दी हो गयी, तालाब पोखर सड़ गये
एक भूखा पेट हमने, जब दिखाया था उन्हें
हँसते–हँसते पेट में, उनके कई बल पड़ गये
जब कहा हमने, गरीबी भुखमरी फैली यहाँ
उनके सम्मुख देश के, कुछ प्रश्न आकर अड़ गये।

☙•❧

हम नहीं बच्चे, सयाने हो गये,
झुनझुना देकर न बहलाओ हमें
हम हकीकत को समझना चाहते,
अब न सपने और दिखलाओ हमें
वोट लेकर आपने धोखा दिया,
भूख से ना और तड़पाओ हमें
देश को तुमने बनाया जायदाद,
अपनी भक्ति से न भरमाओ हमें
ओ मदारी राजनीति के! सुनो,
मत पुराने खेल दिखलाओ हमें।

☙•❧

मँहगाई के गीत लिखें, कुछ ग़ज़ल लिखें बेकारी की
भूख गरीबी उत्पीड़न की, शोषण की बीमारी की
विरहव्यथा आलिंगन चुम्बन, नख–शिख वर्णन बहुतेरे
अब गीतों में बातें कर लें, हम कुछ दुनियादारी की
गीत लिखें कुछ झोंपड़ियों के, खेतों के खलिहानों के
छोड़ें उस कविता को जिसमें, बू सरमायादारी की
कम दहेज लायी जो उसका, जीना यहाँ हराम हुआ
जल कर जो मर गयी, लिखें कविता उसकी लाचारी की।

☙•❧

परिवर्तन की बात करो, ठहराव हो गया काफी
कीमत चुकता कर दो अब तो, भाव हो गया काफी
ठक्कर ने जो लिखा, बता दो जनता को वह सारा
देख आपने लिया यहाँ, लतियाव हो गया काफी
शक की सुई फावड़ा बन कर, आये उससे पहले
और न फेंको, फेल तुम्हारा दाँव हो गया काफी
जगहँसाई में माहिर हो तुम, सबने जान लिया है
चेतो अब तो देखो तो, गरियाव हो गया काफी।

☙•❧

पड़ गयी हैं खुरदुरी रेखाएँ, कोमल हाथ पर
आओ कविता को सँवारें, घूमती फुटपाथ पर
भावना जल कर मरी, लायी न थी भारी दहेज
फूल सोचे थे मगर, काँटों भरी पायी थी सेज
उस ग़ज़ल के बाल रूखे, है मलिनता गाल पर
नाचना है भाग्य उसका, धनपति की ताल पर
आज राँझा कर रहा, सौदा हमारी हीर से
और वारिसशाह भी, अनजान उसकी पीर से
हीर कविता का ग़ज़ल का, अब खुला व्यापार है
रागिनी जब तक जवाँ है, तब तलक ही प्यार है।

☙•❧

धूप में क्यों तप रहे हैं, आप ग़फ़लत में हजूर
ये न छाया दे सकेंगे, हो गये लम्बे खजूर
आओ मिल इनको उखाड़ें, रोप दें अमराइयाँ
अब नहीं तो कल मिलेगा, फल हमें इनसे जरूर
बढ़ गये हैं जब कदम तो, फ़ासलों की फिक्र क्या
अब तो चलना लाज़मी है, पास हो मंज़िल या दूर
लाठियाँ बरसाओ, चाहे जेल में डालो उसे
वह सड़क पर आएगा ही, जो रहा भूखा मजूर।

☙•❧

अब समझ में आ गया, हम वहम में जीते रहे
इन पहाड़ों में नहीं है, बर्फ जो पिघले गले
भूल थी समझे थे हम, इन पत्थरों को देवता
दुख दिये इतने इन्होंने, अब नहीं जाते सहे
क्या कहें कैसे कहें, किससे कहें या ना कहें
जो कहे थे रह गये, किस्से सभी वह अनकहे
इन पहाड़ों में भरें बारूद, टूटेंगे तभी
और जो उस पार चश्मा, तब कहो उससे बहे।

☙•❧

न्याय बिकता हो जहाँ, तू मत वहाँ फरियाद कर
लौट जा इस घर से, अपना वक्त मत बरबाद कर
अब सवेरा हो रहा, चल कर मजूरी का जुगाड़
रात के देखे हुए, सपने न दिन में याद कर
यह लुटेरों की है बस्ती, खोज मत इनसानियत
पहले बन बटमार, बाकी काम उसके बाद कर।

सफ़दर हाशमी

खुश हुए थे आप कि, यह कारवाँ डर जाएगा
और डर कर आपका, पक्ष साफ वह कर जाएगा
लाठियाँ गोली छुरे, चाकू चला कर आपने
खूब सोचा था कि, सफ़दर हाशमी मर जाएगा
भूल थी वह, जा नहीं सकता किसी को छोड़ कर
देख लो, जिन्दा है सफदर हाशमी हर मोड़ पर
हाशमी तो एक ज़ज्बा है, जो टूटेगा मगर झुकता नहीं
एक हल्ला हाशमी, बोला गया रुकता नहीं
हम लड़ेंगे हाथ, कटने को बहुत सर भी बहुत
जंग जारी जब तलक होता, ये ऋण चुकता नहीं
जो भी होंगे वार, अभिव्यक्ति पे खाली जायेंगे
एक सफदर ग़र नहीं तो, सैकड़ों आ जायेंगे।

फल में और हाथ में, हमने देखा काफ़ी दूरी थी
ढेला मार तोड़ना फल को, अपनी तो मज़बूरी थी
जब देखा हो गये कटखने, कुत्ते अपनी गलियों के
लाठी तभी हाथ में रखना, समझा बहुत जरूरी थी
तीन बार आज़ादी हमको, मिली उन्होंने बतलाया
लेकिन हर आज़ादी हमको, जब भी मिली अधूरी थी।

वह पुराणों में नहीं है, और ना विश्वास में
देखना है स्वर्ग, देखो मन्त्री–आवास में
स्वर्ग की सीढ़ी बनी है, राजनीति आज की
क्यों उलझते आप, सर्विस की बुरी बकवास में
स्वर्ग में रहते हैं जीवित, स्वर्गवासी मर बनें
हैं धरावासी मगर, ये घूमते आकाश में
मन्त्री राजा यहाँ के, एम पी हैं देवता
स्वर्ग में जो भी बताते, वह सभी है पास में
आपको पानी नहीं मिलता, परेशाँ हो रहे
पी रहे दारू, लगा कर कुर्सियाँ वह घास में।

☙•❧

हमने कहा भूख लगती, वह हँस कर बोले अच्छा
मँहगाई हमको ठगती, वह हँस कर बोले अच्छा
भ्रष्टाचार बताया हमने, सुन कर वह मुस्काये
पैर उन्होंने सोफे पर, कुछ और अधिक फैलाये
राजनीति गन्दी है, सुन कर एक ठहाका मारा
हो हो कर के हँसे, हँसी से बदन हिल गया सारा
जाँच विदेशी खातों की, सुन उनको रोना आया
हँसी थम गयी, गुमशुम होकर चेहरा भी लटकया।

☙•❧

मन्दिर–मस्ज़िद के झगड़े ने, फिर से शीश उठाया है
कानपुर घबराया फिर से, मेरठ भी घबराया है
सहमा–सा लग रहा आगरा, और अलीगढ चौंका है
हापुड़ मोदीनगर परेशाँ, घर–घर में भय छाया है
होरी फिर बेचैन हो रहा, जुम्मन बेबस देख रहा
पहले जो था जला झोंपड़ा, अभी नहीं बन पाया है
राजनीति की भट्ठी से, अब धुआँ उठा गहरा–गहरा
अपने–अपने स्वार्थ देखते, देश नहीं दिख पाया है।

☙•❧

हे राम छुपे हो कहाँ, सामने आओ,
लड़ रहे भक्त, इन भक्तों को समझाओ
हम सुनते आये, आप राम घट–घट के वासी,
घर राम नाम से खाली, इसे पुनः बसाओ
संकट में दिखती, आज अयोध्या नगरी,
कब कहाँ हुआ था जन्म, हमें बतलाओ
देखो रोती है आज, अमन की सीता
इसको हिंसा–रावण से मुक्त कराओ।

॥०॥

आदमी से आदमी, डरने लगा है आजकल
दिनदहाड़े भीड़ में, कोई भी हो जाता कतल
हैं पुलिस थाना अदालत, पर सभी खामोश हैं
कर दिया घीसू को, लहटन चौधरी ने बेदखल
देगची तक लूट कर, जुम्मन की डाकू ले गये
कह दिया थाने में उससे, हट हरामी चल निकल
है अगर जीना तुझे, इस दौर में तो जान ले
क्यों लड़ाई लड़ रहा, खामोश हो जा कम अकल
खो गयी पहचान अब, सारी शराफत की यहाँ
आज नेता माफिया, लगते हैं जुड़वाँ हमशकल।

॥०॥

देखिए चुपचाप मत, जो हो रहा है आजकल
देख निर्बल बन रहे हैं, आज सब कैसे सबल
जीत जाये तो मजे, कुर्सी के लेना पाँच साल
हार जाये यदि कभी तो, चूक मत फिर दल बदल
एक बोरा नोट, दस गुण्डे लगा ले साथ में
फिर समस्या कौन–सी है, जो नहीं हो पाये हल
छोड़ दे सिद्धान्त सेवा, यह पुरानी बात है
राजनीति के लिए है, अब जरूरी राइफल।

॥०॥

जिनका रिश्ता है नहीं, उनसे कभी भी दूर का
देखिए वह कह रहे हैं, आज दिन मजदूर का
मुँह चुरा लेते हैं जो, मजदूर की फरियाद से
आज हैं बेचैन वे, मजदूर तेरी याद से
घूमते हैं जो हरे, पीले तिरंगे ले के संग
आज तो उनको भी अच्छा, लग रहा है लाल रंग
एक दिन पहली मई, कुर्बानियों की देन है
आज भी होरी हमारा, भूख से बेचैन है
बात सब मजदूर की, वैसे तो करते हैं यहाँ
माँगता है रोटियाँ, जुम्मन तो पाता लाठियाँ।

॰॰॰

कान पक गये हैं, सुन—सुन कर बातें ये अधिकार की
समझौतों की नहीं बात, अब करो आर की पार की
काला—पीला पैसा जिनसे, नहीं सम्हाला जाता है
आज वही बातें करते हैं, देखो यहाँ सुधार की
नैतिकता ईमान धर्म वे, हमें बताने आये हैं
जिनके घर में भरी हुई है, दौलत भ्रष्टाचार की।

॰॰॰

जैसे गिरगिट वैसे नेता, अपने रंग बदलते हैं
मीठी—मीठी बातें करके, सदा हमें वह छलते हैं
इनके आगे व्यर्थ आपतो, अपना दुखड़ा रोते हैं
ये पत्थर के बुत हैं प्यारे, पत्थर नहीं पिघलते हैं
काँटे चुभें पैर में यदि तो, हाथों में काँटे ले लो
बिन काँटों के चुभे हुए, जो काँटे नहीं निकलते हैं
उनके भी दो हाथ, आप भी तो दो हाथों वाले हैं
हाथापाई हो जाये अब, हाथ आप क्यों मलते हैं।

॰॰॰

क्या है खबर न पूछो भाई, खबर रही अब खबर नहीं
जिससे निर्भय होकर गुजरें रही आज वह डगर नहीं
हत्या हिंसा आगजनी, होती सद्भाव जुलूसों में
कौन लुटेगा कौन मरेगा, इसकी कोई फिकर नहीं
सब लाशों पर सेंक रहे हैं, राजनीति के फुलकों को
सही बात जो आकर बोले, ऐसा नेता निडर नहीं।

ॐ•ॐ

पहले अपने आप को, साँचे में ढालो तो ज़रा
रूठ कर जो जा रहे, उनको मना लो तो ज़रा
माँगते हम क्या तुम्हें, इसका पता चल जाएगा
अर्जियों के ढेर से, अर्जी निकालो तो ज़रा
देश की चिन्ता में पागल, हो रहे हैं आप तो
हम सम्हालेंगे इसे, तुम घर सम्हालो तो ज़रा
फल गिरेगा गोद में, दूरी से मत घबराइए
एक ढेला जोर से, उस पर उछालो तो ज़रा।

ॐ•ॐ

तुम समझते हो अमर, पर ये सभी पल भर के हैं
ये फसल देंगे नहीं, ये खेत तो बंजर के हैं
जल चढ़ाओ या कि, गंगाजल चढाओ उम्र भर
ये नहीं पिघलेंगे, सारे देवता पत्थर के हैं
शान्ति का सच का अहिंसा, का सबक मत दीजिए
ये सभी किस्से पुराने हैं, सभी घर–घर के हैं।

ॐ•ॐ

तपती सड़क धूप चुभती है, नहीं दीखती छाँव हमें
इस गरमी में महानगर में, याद आ रहा गाँव हमें
कंकरीट के इस जंगल में, ले आये हो कहाँ हमें
चलो नीम के नीचे लेकर, जल्दी उल्टे पाँव हमें।

ॐ•ॐ

खाली है पेट भूख से, नंगा है तन–बदन
फिर भी बनी है देखिए, जनता जनार्दन
वह माँगती थी भीख, मगर रात मर गयी
चन्दा उगाह के डाल रहे, लाश पर कफन
बचपन कटा अभाव में, यौवन कहाँ मिला
मिटती गरीब की तो, यहाँ मौत से थकन
बातें विदेश की हैं, तो खाते विदेश में
प्यारा है इसलिए ही, उन्हें आज ये वतन।

फूस न जुटता झोंपड़ियों पर, लेकिन महल बनाते हैं
अन्न उगाने वाले भूखे पेट, यहाँ सो जाते हैं
तन से कपड़ा उड़ा ले गयी, यहाँ तरक्की की आँधी
मेहनत करने वाले बुनकर, बिना कफ़न मर जाते हैं
रोटी कपड़े की मकान की, माँग उठाई जब हमने
लाठी और हथकड़ी लेकर, वह फौरन आ जाते हैं
नहीं गरीबी मिट पाती है, पर गरीब मिट जाता है
घड़ियाली आँसू मरने पर, आकर सभी बहाते हैं।

साम्प्रदायिक शक्तियों ने, सर उठाया देश में
भेड़िये कुछ घूमते हैं, मेमनों के वेश में
कह रहे हैं आज सब, मन्दिर बने मन्दिर बने
कोई भी ऐसा नहीं है, जो न शामिल रेस में
धार्मिक उन्माद में, पहचान खोते जा रहे
मर रहे निर्दोष, बेमतलब यहाँ पर देश में
अब अपीलें व्यर्थ, अनशन अर्थ खोते जा रहे
दम नहीं दिखता यहाँ, सरकार के आदेश में।

हो गया है क्या न जाने, क्यों हवाओं में चुभन
कँपकँपी–सी रूह में है, जल रहा है तन–बदन
जो उजाले के लिए, हमने जलाये थे कभी
उन चिरागों से हमें, महसूस क्यों होती जलन
सींचते थे सब जिसे, मिल कर बहारों के लिए
आज क्यों वीरान–सा, लगता है प्यारा–सा चमन
लोग क्यों वहशी हुए, क्यों धर्म अन्धा हो गया
हो गया है क्या तुझे, मुझको बता मेरे वतन।

॥•॥

जमा–घटा और गुणाभाग में, कुर्सी की तकरार यहाँ
मुद्दे और मूल्य की बातें, सारी हैं बेकार यहाँ
टाँग खींचते इक दूजे की, चिन्ता किसे देश की है
कौन भला ऐसे में देगा, स्थायी सरकार यहाँ
लोग मर रहे घर जलते हैं, तड़प रहा सौहार्द यहाँ
तुले हुए हैं सब भारत का, करने बण्टाधार यहाँ।

॥•॥

जो विदेशों में गया धन, उसको वापस लाइये
फिर सबक ईमानदारी, का हमें सिखलाइये
कुर्सियों पर बैठ कर, तुमने जमीं की बात की
मान लेंगे आप भी, पहले जमीं पर आइये
मानते हैं हमने, बस तोड़ी, जलाये डाकघर
हाथ खाली थे इन्हें, कुछ काम तो दिलवाइये।

॥•॥

हो गये हीरो पुराने, इस कड़ी को छोड़ दें
अब कहानी में चलो, कोई नया–सा मोड़ दें
झील गन्दी हो गयी है, आ रही इस में सड़ाँध
इसके आगे जो लगे हैं, बाँध उनको तोड़ दें
कह रहे आज़ाद, लेकिन कैद में डाला हमें
जो लगे ज़ंजीर ताले, आओ उनको तोड़ दें।

॥•॥

दबा रहे आवाज, यहाँ सब निर्धन की
चिल्लाने पर कहते हैं, उसको सनकी
जनता का जनतन्त्र, घुस गया महलों में
हुई तन्त्र के हाथों दुर्गति, जन-जन की
देशी और विदेशी उत्सव, सब देखे
नहीं उदासी दूर हुई, दुखिया मन की
मनरेगा की चटनी भी, बेअसर रही
पीड़ा हुई न दूर, आँत की ऐंठन की।

☙•❧

हवा मंच की लगी इसे,
      यह भूली सबको मस्ती में
कविता को ले चलें चलो
      अब झुग्गी वाली बस्ती में
झोंपड़पट्टी चाल गली के
      और स्लम के गीत लिखें
खुशियाँ जिनके पास नहीं
      कुछ उनके गम के गीत लिखें
ग़ज़ल बहुत साकी शराब की
      लिख डालीं मयखानों पर
आओ अब कुछ ग़ज़लें लिख दें
      खेतों पर खलिहानों पर
बहुत दिनों से नज़र नहीं आयी
      'वह तोड़ रही पत्थर'
नहीं निराला, तो हम देखें
      चलो दुबारा उस पथ पर
टी वी पर जो नहीं सुनायी जाती
      ऐसी तान लिखें
जो 'करता दो टूक कलेजा'
      फिर उसकी पहचान लिखें।

☙•❧

नींव खोखली हुई अगर तो, गिरना कब तक टालोगे
नये–नये शहतीर लगा कर, कब तक इसे सम्हालोगे
जिनके सपने चूर किये, मँहगाई ने बेकारी ने
उनके मन में आये सपने, आखिर कब तक पालोगे
दूर करेंगे आप गरीबी, हमने माना ठीक कहा
दौलत गयी विदेश, उसे क्या वापस आप मँगा लोगे।

☙•❧

क्यों अफ़सोस कर रहे अब तो, होनी यह बदहाली है
तस्कर और दलालों पर जब, जनता की रखवाली है
भलमनसाहत नहीं अभी है, दौर यहाँ शैतानी का
क्यों दर्ज़ा लेता है नाहक, तू बिल्ली खिसियानी का
काटेगा भी किसकी, सबकी जेब यहाँ तो खाली है
तस्कर और दलालों पर जब, जनता की रखवाली है।

☙•❧

जब गुलशन सूना–सूना है
       तो दोस्त बियाबाँ क्या होगा
इससे आगे भी जनता का
       अब हाल परेशाँ क्या होगा
भुखमरी रोग बेकारी का
       हल करते भाषणबाजी से
हर शाख पे नेता बैठा है
       अंजामे गुलिस्ताँ क्या होगा।

दोहे रंग-बिरंगे

सर्दी संकट बन गयी, कटे न लम्बी रात।
मचा रही है देखिए, शीतलहर उत्पात।।

☙•❧

भूखा पेट न सह सका, शीतलहर की मार।
मरे ठण्ड से लोग, यह बता रहे अखबार।।

☙•❧

नेताओं के मन उठा, निर्धनता का दर्द।
कम्बल देकर कह रहे, हम तेरे हमदर्द।।

☙•❧

कम्बल से हो जाएगी, कम जाड़े की चोट।
दस कम्बल से हो गये, खरे हजारों नोट।।

☙•❧

अफ़सरशाही दे रही, नेताओं को दोष।
पड़ा देश के गेट पर, लोकतन्त्र बेहोश।।

☙•❧

आज दिखावा बन गये, सभी मूल अधिकार।
जनता की शोषक बनी, जनता की सरकार।।

☙•❧

लोकतन्त्र तो बन गया, कुछ घर की जागीर।
नेता अफ़सर बन गये, लोकतन्त्र में पीर।।

जिसके घर में बँध गयी, सत्ता वाली गाय।
दुहने में वह व्यस्त है, बाकी कुछ न सुहाय।।

गोली लाठी छुरे का, होता घातक वार।
इनसे भी घातक लगे, मगर बजट की मार।।

मास फरवरी अन्त में, कम हो जाता शीत।
आने वाले बजट से, सब होते भयभीत।।

पतझड़ में आता बजट, मौसम के अनुकूल।
राहत की कोंपल दिखें, चुभें टैक्स के शूल।।

पछुवा के झोंके उड़े मँहगाई की रेत।
बजट सुखाने आ गया, फिर खातों के खेत।।

बूढ़ा होकर जा रहा, सरदी का सामन्त।
भय से पीला हो रहा, मौसम बाल बसन्त।।

सरसों फूली खेत में, पछुवा चली बयार।
उड़ते मधुर पराग कण, महके आँगन द्वार।।

पीले पत्ते झड़ गये, पेड़ पड़े सुनसान।
मच्छर ने फिर छेड़ दी, अपनी मीठी तान।।

☙•❧

खेत मजूर बसन्त है, सरदी साहूकार।
फिर गरमी की आएगी, स्थायी सरकार।।

☙•❧

आज चदरिया राम की, हो गयी झीरमझीर।
काँकर पाथर जोड़ कर, आओ पुनः कबीर।।

☙•❧

व्यर्थ हो गया जायसी, तुमने लिखा कलाम।
आज उसे लेकर हुआ, जीना यहाँ हराम।।

☙•❧

सुनो देश की टेर फिर, भगत सिंह अशफ़ाक।
भारत माँ का हो रहा, मन्दिर देखो खाक।।

☙•❧

गाँधी आकर देख लो, व्यर्थ हुआ पैगाम।
ईश्वर अल्लाह अब नहीं, रहे राम के नाम।।

☙•❧

अब आ जाओ सामने, कहाँ छुपे हो राम।
व्यर्थ हो रहा आपका, नाम यहाँ बदनाम।।

☙•❧

लोग राम के नाम का, करते हैं उपहास।
आकर बसो मसीत में, फिर से तुलसीदास।।

☙•❧

रहिमन धागा प्रेम का, तोड़ रहे चटकाय।
जो सन्देश कभी दिया, उसको सुनते नाय।।

☯●☯

कुंज गलिन में आपने, किया कभी रसपान।
कर्फ्यू से सूनी पड़ीं, आज वही रसखान।।

☯●☯

लाली आज दलाल की, जित देखो तित लाल।
लाली देखन जो चली, मैं बन गयी दलाल।।

☯●☯

लूट कमीशन की मची, लूट सके तो लूट।
पछताएगा मित्र जब, कुर्सी जाये छूट।।

☯●☯

ऐसी गोली मारिए, मन का आपा खोय।
अपना सब संकट कटे, दुश्मन शीतल होय।।

☯●☯

पाँच साल में हो गये, सपने सब बरबाद।
आयी है फिर जोर से, अम्मा तेरी याद।।

☯●☯

फल उल्टा मिलता सदा, उल्टे हैं यदि काम।
यूकेलिपटस बोये तो, मिले कहाँ से आम।।

☯●☯

मर तो जाएगा नहीं, मिली नहीं यदि दाल।
गेंहूँ काफी देश में सुन, भारत के लाल।।

☯●☯

दूर पहुँच से हो गयी, उनकी मित्र दुकान।
फीका भी मिलता नहीं, अब इन पर सामान।।

☙•❧

मँहगाई में रह गयी, सस्ती केवल जान।
क्यों न होगा फिर भला, मेरा देश महान।।

☙•❧

करी एकता की यहाँ, पहले तो दो फाँक।
अब बन उल्लू काठ के, बगल रहे हैं झाँक।।

☙•❧

बन कर बगुला भगत वह, आँख किये हैं बन्द।
जनता ऐसी मेंढकी, फँस जाती मतिमन्द।।

☙•❧

राधा नाचे क्यों भला, नौ मन मिला न तेल।
रोटी माँगे तो मिले, लाठी गोली जेल।।

☙•❧

चार चाँद लगते नहीं, नहीं बन रही बात।
ले जाते हैं चोर भी, अब तो तवा–परात।।

☙•❧

चमचे–से लेते रहे, अब तक सब्जी–दाल।
साहब के वह बन गये, आज नाक के बाल।।

☙•❧

धोती ढीली हो गयी, हुआ पजामा तंग।
बेकारी में घूमते, बन कर कटी पतंग।।

☙•❧

बहती गंगा में सभी, मल–मल धोते हाथ।
पास–पास बैठे सभी, नहीं किसी के साथ।।

नौ दो ग्यारह हो गये, दिल के सब अरमान।
गीले आटे से नहीं, बन पाया पकवान।।

राम–नाम की लूट में, है अब पूरी छूट।
दंगे और फसाद कर, लूट सके तो लूट।।

दुमदार दोहे

हम वंशज परताप के, होंगे नहीं निराश
रोटी यदि मिलती नहीं, खा लेंगे हम घास
नहीं हम मरने वाले।

गंगू तेली ने कहा, सुन हे राजा भोज
अब गद्दी दे दे हमें, बहुत कर चुका मौज।
सड़क पर हम आये हैं।

एकलव्य कहने लगा, सुनो गुरू महाराज
अब मैं छल पहचानता, दूँ न अँगूठा आज
मुझे भी तीर चलाना।

बुरा न देखूँ ना सुनूँ, बोलूँ नहीं हजुर
गाँधी के बन्दर नहीं, आज मुझे मंजूर
आदमी हूँ मैं भाई।

कर्म करूँ फल ना चखूँ बहुत सुना उपदेश
अब तो फल भी चाहिए, मेरा यह सन्देश
हुआ उपदेश पुराना।

☙•❧

जिन्हें टैक्स की यहाँ, नहीं रही दरकार
बने विधायक घूमते, लेकर लम्बी कार
मजा यह लोकतन्त्र का।

किरकिटेरिया

देश एक कैसे रहे, ना हो कोई चूक
किरकेट मैच कराइए, यह नुस्खा दो टूक
लेखन पाठन मनन, व्यर्थ है भाषणबाजी
किरकेट खेल में बन जाती, जनता मक्के का काजी
बूढ़े बालक युवा देश के, सब नर–नारी
जब भी होता मैच, एकता दिखती भारी।

☙•❧

किरकेट का संसार भी, होता बड़ा अज़ीब
खेल अमीरों का मगर, रहते मस्त गरीब
रहते मस्त गरीब, शुरू होती जब पारी
काम–धाम सब भूलें, भूलें चिन्ता सारी
भूलें रोटी दाल, भूल जाते मँहगाई
कितना है स्कोर, पूछते हर पल भाई।

☙•❧

अगर सताये आपको, जाड़ा जूड़ी ताप
तो किरकेट कमण्टरी, सुनें ध्यान से आप
सुनें ध्यान से आप, सताये जब मँहगाई
पूछें तब स्कोर हो गया, कितना भाई
बेकारी दे भुला, मैच का नुस्खा पक्का
तेज भूख में बहुत, मजा देता है छक्का।

☙•❧

खाँसी जुकाम गाँव में, फैला मलेरिया
शहरों में नया रोग, घुसा किरकिटेरिया
घर–घर घुसा है मर्ज़ का, ज़हरीला वायरस
दफ़्तर नहीं बचे, न बचे रेल सड़क बस
सब ही मरीज, ऐसा हुआ मर्ज़ का हल्ला
सपने में देखते हैं, विकेट बाल व बल्ला
ऐसे मरीज़ को तो, बस टीवी दिखाइये
टीवी नहीं तो, रेडियो उसको सुनाइये।

☙•❧

हिन्दू मुस्लिम सिख ईसाई,
नहीं बन सके भाई–भाई
किरकेट मैच सदा सुखदाई,
कर दे सारी बन्द लड़ाई
जब लगता है चौका–छक्का,
दिखें एक सब काशी–मक्का
ओवर कैच और रन–आउट,
देश एक करते बिन डाउट
काम बन्द करके सरकारी
बैर–भाव भूलें नर–नारी
क्लीन बोल्ड सब शब्द सुहाने,
बाकी सब बेकार तराने
जब–जब बनता शतक सुहाना
भारत एक तभी हम जाना
जब–जब होती गेंद धुनाई,
तव–तब देता देश दिखायी।

टी.वी. यानि सरकारी ढोल

सीधी सादी बात को, कहता गोल-मटोल
टी वी जिसका नाम है, वह सरकारी ढोल
वह सरकारी ढोल, थाप जब इस पर पड़ती,
हटे हटाये नहीं, नज़र जब इस पर गड़ती
लाल बुझक्कड़ के थे जितने, सारे किस्से,
आज आ गये हैं सारे, टी वी के हिस्से।

☯●☯

जनवाणी को देख कर, मन में उठती पीर
सोची गयी बचाव की, बड़ी भली तदबीर
बड़ी भली तदबीर, मन्त्री आते-जाते,
उनके सम्मुख बैठ, लोग आरोप लगाते
आश्वासन दे देते, करते पेश सफाई
मगर समस्या कोई, नहीं कभी सुलझायी।

☯●☯

धीरे-धीरे बात कर, बड़ा बोल मत बोल,
रोना है तुझको अगर, तो फिर टी वी खोल
तो फिर टीवी खोल, खबर सरकारी सुन ले,
यदि कुछ ना हो पाये, शीश अपना ही धुन ले
नहीं काम की बात, मिली इसका क्या गम है,
तस्वीरें रंगीन दिख रहीं, यह क्या कम है।

☯●☯

धन का मित्र जुगाड़ कर, क्यों हो रहा उदास,
पैसा दे हो जाएगा, दोस्त सीरियल पास
दोस्त सीरियल पास, रुपैया ढेर कमा ले ,
कुछ दे टीवी वालों को, कुछ खुद ही खा ले
अगर जेब अपनी तुझको, लगती है खाली,
घुस जा मण्डी हाउस में, कर यार दलाली।

୨•୧

रोचक होंगे कार्यक्रम, रोज हो रहा शोर,
धारावाहिक कर रहे, अब दर्शक को बोर
अब दर्शक को बोर, देख कर दुखता है मन
कार्यक्रम में दिखता है, अब साफ कमीशन
विज्ञापन तक फूहड़ देते, आज दिखायी,
फिल्में भी दिखलाते, सारी पिटी–पिटायी।

୨•୧

सुनते होंय सुहावने, बजें दूर जो ढोल,
टीवी खोले पर यहाँ, इस कथनी की पोल
इस कथनी की पोल, दूर से करके दर्शन
अक्सर करें खराब, दर्शकों का कोमल मन
खुला बन्द को कहें, मरे सौ पाँच बताये
मजबूरी का नाम, दूरदर्शन बन जाये।

୨•୧

खत्म महाभारत हुआ, बचा न कोई काम,
चल अर्जुन वापस चलें, करलें कुछ आराम
करलें कुछ आराम, हो गया बहुत झमेला
अब देखें कैसा है, इन्द्रप्रस्थ का मेला
मन्त्री सब बन गये, लौटकर जो–जो आये,
आप अलग हैं, जान बची तो लाखों पाये।

୨•୧

सुना बहुत कम आएगी, टीवी पर सरकार,
कई मन्त्री सोचते, होगा बण्टाढार
होगा बण्टाढार, लगाया मुँह पर लोशन
जनता को अब कम ही, हो पायेंगे दर्शन
संकट में टीवी वाले, कुछ सोच न पायें
कुछ भी तो हो रहा नहीं, क्या और दिखायें।

ॐ●ॐ

आज नहीं जो दिखता है, वह कल टीवी पर आएगा
जो भी यहाँ समस्या उसका, हल टीवी पर आएगा
नल से हटा बाल्टी भैया, टीवी के सम्मुख रखना
जगते रहना गंगाजी का, जल टीवी पर आएगा।

ॐ●ॐ

सदी आयी इक्कीसवीं, देखें सन्त कबीर
बदल जाएगी देश की, अब भैया तकदीर
अब भैया तकदीर, लगेगा टीवी घर-घर
पेट भरेंगे लोग, यहाँ कम्प्यूटर खाकर
कैपसूल आटे के, इंजक्शन होंगे घी के
दर्शन होंगे एशियाड में, दूध-दही के।

ॐ●ॐ

इस युग में मत राखिए, मन में कुछ सन्ताप
नित टीवी के सीरियल, देखें श्रीमन् आप
देखें श्रीमन् आप, बड़े हों या हों छोटे
रजनी गयी, चला कर अपने सिक्के खोटे
दरबारी का राग देख, बुनियाद हमारी
चित्रहार को देख, मिटेगी चिन्ता सारी।

ॐ●ॐ

इस टीवी की महिमा न्यारी
दिखे गरीबी ना बेकारी
चारों ओर दिखे खुशहाली
इसे न दिखती दौलत काली
सत्ता दल का पाला पक्षी
इसके लिए अछूत विपक्षी
आश्वासन का भरा पिटारा
टीवी लाता सदा हमारा
बना हुआ पिंजरे का तोता
आधी रात बाद ही सोता।

ॐ•ॐ

देख रामायण महाभारत, निराले सीरियल
धुन्ध चिन्ता की सभी, यह देख कर छँट जाएगी
आ रही चिन्ता न कर, प्यारे जवाहर योजना
इन चुनावों तक गरीबी, देश से हट जाएगी
वायदों का साल होता है, चुनावी साल रे
जानते जनता है भोली, बात से पट जाएगी
अब तो थोड़ी ही बची है, हो गये चालीस साल
कट गयी कुछ कष्ट में, बाकी भी यों कट जाएगी।

ॐ•ॐ

जय जय जय टीवी बनवारी
बहुत तंग कर रहे विपक्षी, रक्षा करो हमारी
बचे भरोसे लायक तुम ही, एक चीज सरकारी
बाकी सब तो खड़े कर रहे, खटिया आज हमारी
कोप बन रहे इन्द्र, विपक्षी बनो आप गिरधारी
छोड़ रहे अखबार साथ, बस अब तो शरण तुम्हारी
जय जय जय टीवी बनवारी।

ॐ•ॐ

69

कल टीवी को देख कर, बोला पूत कमाल
पूछ रहे राजीव से, बच्चे कौन सवाल
बच्चे कौन सवाल, समझ में कुछ ना आता
अँग्रेजी का चलन, हमें ना यहाँ सुहाता
बोला सन्त कबीर, खाट पर लेटे-लेटे
बड़े घरों की बात, दखल मत दे तू बेटे।

॥ ० ॥

शान्ति मार्च आया नहीं, क्यों करते हैं रोष
टीवी में तो आम हैं, भैया ऐसे दोष
भैया ऐसे दोष, यही खुश बहुत नसीबी
टीवी पर जो दिखती, तुमको नहीं गरीबी
अब भी इनकी नीति, नहीं तुमने पहचानी
ऐसी बातें उनके लिए, बहुत बेमानी।

॥ ० ॥

टीवी की तकनीक में, ऐसा करें सुधार
खेद रुकावट के लिए, ना हो बारम्बार
ना हो बारम्बार, ना हो खबरों का टोटा
जो पिट गये, चले उनका भी सिक्का खोटा
बुरा कह रहे लोग, नहीं इससे घबरायें
घर-जमाई जैसी, चीजों को, रोज दिखायें।

॥ ० ॥

अब बस तेरा आसरा, हे टीवी करतार
लगा विपक्षी से मिले, बड़े-बड़े अख़बार
बड़े-बडे अख़बार, कर रहे गड़बड़झाला
ऐसे तो पिट जाएगा, अपना दीवाला
रखवाला अब तू ही, अपना टीवी भैया
पार लगा दे बस तू, अबकी अपनी नैया।

खूब चली बोफ़ोर्स

वी. पी. सिंह जनता दल के मुँह
हमने सुनी कहानी थी
खूब चली बोफोर्स देश में
सब तोपों की रानी थी।

मिलती पनडुब्बी तोप जहाँ
रहता मन मगन सदैव वहीं
भरपूर कमीशन आस लगी
वह नेंक कभी टलती न कहीं
अब लोलुप लोचन को दिखती
डालर थैली सब काल वही
हम खोज रहे जो विन चडढा
बैठा है मन में, कहीं न कहीं।

मान गये बोफ़ोर्स का, अब सब लोग कमाल,
अपनी ही सरकार को, इसने किया हलाल
इसने किया हलाल, दलाली की सब माया,
सोच रहे राजीव, तोप ने खूब सताया
जब भी इसका मुँह, दुश्मन की ओर घुमाया,
इसने गोला अपने, ऊपर तभी गिराया।

मान गये इस तोप में, काफी होती फोर्स,
इतने गोले चल चुके, थकी नहीं बोफ़ोर्स
थकी नहीं बोफ़ोर्स, दनादन गोले दागे,
गरज रही है खूब, न जाने क्या हो आगे
वी पी सिंह ने लेकर, इसे मोर्चा जीता,
जब भी होती शान्त, लगाते तभी पलीता।

हो कितनी आलोचना, पिटे कहीं तक भद्द,
जो भी सौदा हो गया, नही करेंगे रद्द
नही करेंगे रद्द, हमारा यही इरादा,
होगा सौदा वही, कमीशन जिसमें ज्यादा
आप कीजिए शोर, उधर हम जाँच करेंगे
स्विस बैंक तक लम्बी, मगर कुलाँच भरेंगे।

भैया मोंहि बस बोफ़ोर्स दिला दे,
खेल खिलौने सभी व्यर्थ हैं, भैया इन्हें हटा दे
मुझे न भैया बना भगतसिंह, राणा, वीर शिवाजी
बता न भैया मुझको, कैसे थे नेहरू गाँधीजी
मुझे कमीशन वाले भैया, सारे भेद सिखा दे
ऐसा पाठ पढ़ा भैया, तू मुझे दलाल बना दे।

घोटालों की जाँच का, जारी अब तक कोर्स
फिर करवट लेने लगी, सोयी थी बोफ़ोर्स
सोयी थी बोफोर्स, ले रही है अँगड़ायी,
खुद तो जागी और, कई की नींद उड़ायी
काफी दिन से बन्द, तोप का बस्ता खोला
पता नहीं किस पर पड़ जाये, अबकी गोला।

लगा रहे शासक सभी, अपनी पूरी फोर्स,
मगर दनादन चल रही, संसद में बोफ़ोर्स
संसद में बोफोर्स, पन्त की बात न मानी,
नहीं जाँच में शामिल, यह विपक्ष ने ठानी
कहा कि डूबी पनडुब्बी को, ऊपर लाओ,
जो–जो पाये कमीशन, उनके नाम बताओ।

एन. राम हिन्दू वाले ने
फिर बोफ़ोर्स सम्भाली थी
गोपी हिन्दूजा चेहरों से
उड़ी एकदम लाली थी
अब तक जो पर्दे में थी
जग जाहिर हुई दलाली थी
सोये हुए विपक्षी, उन में
आयी नयी जवानी थी
खूब चली बोफ़ोर्स देश में
सब तोपों की रानी थी।

जय जय जय बोफ़ोर्स भवानी,
तीन लोक ने महिमा तेरी, मैया आज बखानी
रूप धरे नित नये सुनाती, नित ही नयी कहानी
ले गये माल दलाल, मिली ना उनको कौड़ी कानी
जननी भयी कमीशन की तू, घोटालों की रानी
स्वच्छ छवि पर मैया तू ने, ऐसा फेरा पानी
अब दर्पण में अपनी भी, सूरत लगती बेगानी
याद कराते औरों को, खुद याद आ रही नानी
तेरे दर्शन को जाते हैं, स्वीडन जेठमलानी।

जो होनी है जाँच, वह होगी देर–सबेर,
पर मारा बोफोर्स ने, सोलंकी–सा शेर
सोलंकी–सा शेर, दिखायी तनिक न नर्मी,
कुर्सी गयी उठानी, साथ पड़ी बेशर्मी
ऐसा गोला पड़ा, धुआँ भी छाया गहरा,
देख न पाये, चिटठी लिखने वाला चेहरा।

☙●❧

लगता था बाकी नहीं, इसमें कोई फोर्स,
बहुत दिनों के बाद फिर, गरजी है बोफ़ोर्स
गरजी है बोफ़ोर्स, करें क्या इस पर टीका,
खुश हो रहा विपक्ष, खिला मुख आज सभी का
सभी विपक्षी खुश होते, जब तोप गरजती
काँग्रेस में फिर खतरे की, घण्टी बजती।

☙●❧

अखबारों में पुनः सुहानी तर्ज़ सुनाई दी है,
शान्त पड़ी तोपों की फिर से, गर्ज़ सुनाई दी है
फिर से संसद में गूँजी है, अब बोफ़ोर्स कहानी
मानसून का सत्र बनेगा, अब काफी तूफ़ानी
संकट में सरकार फँसी है, विन चडढा घबराये
लोकसभा में वी पी सिंह, फिर धूम–धाम से आये
तोप खरीदी जो दुश्मन को, उसने हमको मारा
मीठा–मीठा मिला कमीशन, आज लग रहा खारा।

हाय महँगाई, महँगाई, महँगाई

मँहगाई यदि आपको, मित्र कर रही तंग,
नेताओं के रंग में, कभी न डालो भंग
कभी न डालो भंग, न फुर्सत उनको भाई,
मन्दिर में करवानी उनको, शुरू चिनाई
इस चिन्ता से उन्हें, मुक्त होने से पहले,
जो भी कष्ट हो रहा उसको, गुपचुप सह ले।

मँहगा लहसुन हो गया, मँहगी है यदि प्याज,
ये सब बातें व्यर्थ–सी, लगतीं हमको आज
लगतीं हमको आज, दुखों को मित्र बाँट ले
थोड़ा सा सद्भाव कहीं, मिल जाये चाट ले
मँहगाई की व्यर्थ कर रहे, आप मुनादी
क्यों रोने के आप, मित्र बनते हैं आदी।

मँहगाई का भी करो, नेतागण कुछ ख्याल,
दूर पहुँच से हो रही, आज अरहर की दाल
आज अरहर की दाल, चना भी दूर हो गया,
अब सब्जी में, घी का सपना चूर हो गया
राहत दे दो बेशक, थोड़ी छोटी दे दो,
मन्दिर–मस्ज़िद के झगड़े से, पहले बस रोटी दे दो।

मँहगाई ने कर दिया, सब का बण्टाधार,
खोज करो खोयी कहाँ, भारत की सरकार
भारत की सरकार, हुआ दर्शन का घाटा,
चीनी चावल दाल हो गया, मँहगा आटा
तेल बिना बेमजा हुई, देखो तरकारी
पता नहीं सरकार, कहाँ फिरती है मारी।

ஃ•ஃ

बढ़ी कीमतें देख कर, जला रहे क्यों रक्त,
मँहगाई पर सदन ने, कर दी चिन्ता व्यक्त
कर दी चिन्ता व्यक्त, यही क्या कम है भाई
लोकसभा में कुछ पल को, आयी मँहगाई
मतदाता की यहाँ मगर है, किस्मत खोटी
जब—जब चिन्ता करी, हुई मँहगाई मोटी।

ஃ•ஃ

कमर तोड़ मँहगाई से, बुरा सभी का हाल
दूर पहुँच से हो रही, आज मटर की दाल
आज मटर की दाल, हाल बेहाल सभी का,
सपना भी है मना, देखना अब सब्जी का
शोर मच रहा मगर, वहीं गिरता परनाला,
बने चटपटे हल्दी, धनिया मिर्च मसाला।

ஃ•ஃ

नये बजट के नाम पर, रोना है बेकार,
मँहगाई की दोस्त है, मित्रों यह सरकार
मित्रों यह सरकार, दोस्ती खूब निभाती,
मजदूरों की बीड़ी तक, ना इसको भाती
आई. एम एफ के हाथ रही है, इसकी सुतली,
लेकर भारी कर्ज, बनी उसकी कठपुतली।

ஃ•ஃ

गेंहूँ की कीमत बढ़ी, क्यों रोता दिन—रात,
होगा अब दस लाख टन, गेंहूँ का आयात
गेंहूँ का आयात, घोषणा है सरकारी,
रोटी के संग, कभी माँगना मत तरकारी
और बहुत कुछ भी हमको तत्काल चाहिए,
गेंहूँ के अतिरिक्त, तेल घी दाल चाहिए।

ॐ•ॐ

मँहगाई कहने लगी, मन्त्री जी महाराज,
बतलायें तो आप क्यों, मुझसे हैं नाराज
मुझसे हैं नाराज, पड़े क्यों पीछे मेरे,,
करो और कुछ काम, पड़े देखो बहुतेरे
हे मन्त्री जी, जो भी कोई मुझे सताता,
मैं तो मिटती नहीं, मगर वह खुद मिट जाता।

ॐ•ॐ

मँहगाई से खिंच रही, पहले ही थी खाल,
चीनी भी गायब हुई, मिले न चावल—दाल
मिले न चावल—दाल, हुआ आटे का टोटा,
कैसे काटें समय आ गया, काफी खोटा
गुमसुम है सरकार, नित्य बढ़ती बदहाली,
इधर भरे भण्डार, उधर है थैला खाली।

ॐ•ॐ

ग्रास रूट पर कर लिया, हमने अनुसन्धान,
अब तो यही बचायेगी, बस लोगों की जान
बस लोगों की जान, इसी से करो गुजारा,
मँहगाई में बची घास, ही सिर्फ सहारा
हे राजीव! तजुर्बा तुमको, सही पकड़ का,
दिया आपने नारा, तभी घास की जड़ का।

ॐ•ॐ

कैसे निपटें आज तो, हालत हुई विचित्र,
वित्त मन्त्री बन गये, मँहगाई के मित्र
मँहगाई के मित्र, ख्याल कुछ नहीं हमारा,
कर्ज़ा लेकर मनमोहन, कर रहे गुज़ारा
ऐसी खाली तुमने, सबकी ज़ेब कराई
हमें कर्ज़ भी कोई, नहीं दे रहा भाई।

मँहगाई कहने लगी, सुन प्यारी सरकार,
अमर रहेगा देश में, हम दोनों का प्यार
हम दोनों का प्यार, जिओ मुझको जीने दो,
कड़वा घूँट लोग पीते हैं, तो पीने दो
युगों–युगों तक चले, हमारी प्रेम–कहानी,
तुम हो मेरे मजनूँ, मैं लैला दीवानी।

मँहगाई कहने लगी, मेरे प्रिय राजीव,
अभी और कुछ कीजिए, मेरी पुख्ता नींव
मेरी पुख्ता नींव, महल मजबूत बनायें
आलू बैंगन प्याज नहीं, जिसमें घुस पायें
सुन बोले राजीव, न चिन्ता कर मँहगाई
भूल जायेंगे लोग, खाई थी दाल फराई।

मरते में तू मार कर, ऊपर से दो लात,
कहाँ चली मँहगाई तू, सुन ले मेरी बात
सुन ले मेरी बात, मान ले कुछ तो कहना,
गिर जाएगी उच्च शिखर पर, जा मत बहना
मँहगाई ने कहा, मूर्ख सुन बात हमारी,
नयी सदी की मुझको भी, करनी तैय्यारी।

अब लगता सरकार भी, करती है कुछ काम,
चीनी मँहगी हो गयी, घी के बढ़ गये दाम
घी के बढ गये दाम, तेल भी तरल हो गया,
सूखी रोटी खाना, अब कुछ सरल हो गया
वित्त मन्त्री से शिकवा, मत करो किसी का,
खाना भला न तेल, भला ना दर्शन घी का।

☙•❧

सब्जी मण्डी पहुँच कर, सन्त रहा स्तब्ध
चालीस रुपए में किलो, हरी मिर्च उपलब्ध
हरी मिर्च उपलब्ध, कि कड़वा बहुत करेला,
भिण्डी का सुन भाव, रह गया खाली थैला
अब है एक उपाय, जिन्दगी अगर बचानी,
सूखी रोटी चबा, पिओ ऊपर से पानी।

☙•❧

मँहगाई ने गुम किये, आज सभी के होश,
कुछ दिन से सरकार भी, दिखती है खामोश
दिखती है ख़ामोश, नहीं कुछ भी बतलाते,
बड़े–बड़े नेता जनता से, आँख चुराते
नयी सदी में भी, हम क्या कुछ कर पायेंगे,
नेता भी जब इतने, मँहगे हो जायेंगे।

☙•❧

कीमत कुछ कम हो गयी, कहते शरदपवार,
अभी और करने हमें, और कई उपचार
और कई उपचार, कीमतें करके भारी,
उसका करें विरोध, कई नेता सरकारी
जी भर कर पहले, चीजों के दाम बढाओ
शोर करो खुद फिर, थोड़ा से उन्हें घटाओ।

☙•❧

एक मास पहले कहा, नया मुबारक साल,
इसी बीच मँहगाई ने, खींची अपनी खाल
खींची अपनी खाल, फरवरी आते–आते,
चीजें हो गयी दूर, उन्हें हम छू ना पाते
अभी बजट है शेष, सोच छुट रही कँपकँपी
पता नहीं क्या और तमाशा, करें शरद जी।

☙•❧

नये बजट से पूर्व के, अच्छे हैं ये खेल,
देखो मँहगा हो गया, मिट्टी तक का तेल
मिट्टी तक का तेल, हो गया मँहगा डीजल,
कैसे करें गुजारा, सोच सताती पल–पल
निर्वाचन में सपने सबको, खूब दिखाये,
सब्जी गेंहू दाल, सभी के दाम बढ़ाये।

☙•❧

बस तो बेबस हो गयी, छोड़ गयी है टीस
अब सुनते हैं बढ़ेगी, स्कूलों की फीस
स्कूलों की फीस, तरक्की अच्छी भाई
तेज दौड़ में हमें, पछाड़ गयी मँहगाई
चलिए एक उपाय, आज हम भी बतलायें
धूप हवा बच रही, यहाँ भी टैक्स लगायें।

☙•❧

मँहगाई का धर्म से, है सम्बन्ध अटूट,
जब–जब मँहगाई बढ़े, होती हत्या–लूट
होती हत्या–लूट, धर्म का बजता डंका
दाम बढ़ रहे इसकी, मन में रहे न शंका
बेकारी मँहगाई बढ़े, या बढ़े अशिक्षा
धर्म बड़ा है पहले, होगी इसकी रक्षा।

☙•❧

मँहगाई का मिल रहा, हमें न कोई अन्त
दाम कई चीजों के, घटे बताये सन्त
घटे बताये सन्त, खबर है यह सरकारी,
रोयें या फिर हँसें, कहो जनता बेचारी
लगता है इतिहास कहेगा, वही कहानी
हम प्रताप के वंशज, घास पड़ेगी खानी।

गेंहूँ के इस देश में, भरे हुए भण्डार
फिर भी भूखे लोग क्यों, बतलाये सरकार
बतलाये सरकार, एक की जो है जूठन
वही दूसरे का बतलाओ, क्यों है भोजन
एक हँस रहा यहाँ, दूसरा क्यों रोता है
तुम्हीं बताओ, क्यों फुटपाथों पर सोता है।

अगर सताये आपको, मँहगाई का ताप,
रोज ध्यान से भाई जी, सुनिये प्रवचन आप
सुनिये प्रवचन आप, खलेगी कम मँहगाई
करें न गम जो रोटी, आज नहीं मिल पायी
सरकारी सब मित्र, आँकड़े रख सिरहाने
सो जा चादर तान, दिखेंगे स्वप्न सुहाने।

तंग कर रही सभी को, मँहगाई की मार,
उधर आँकड़े देखिए, पेश करे सरकार
पेश करे सरकार, भाव कम हुए बताये
यह सरकारी खेल, हमारी समझ न आये
हो जाएगा झूठ स्वयं ही, उन्हें उजागर
वित्त मन्त्री देखें, सब्जी मण्डी आ कर।

जनता का हो जाएगा, अब जल्दी उद्धार,
अब तो तीरथ बन गया, सब्जी का बाजार
सब्जी का बाजार, तीस का किलो करेला
भाव कटहल भिण्डी का, करता मन को मैला
पेट भरें चटनी–रोटी से, कैसे अपना,
हरी–मिर्च–नीबू भी, अब तो बन गये सपना।

॥०●०॥

अल्पबचत से देश यह, अब होगा खुशहाल,
रुपया–पैसा तो अलग, लोग बचाते दाल
लोग बचाते दाल, चबाते रोटी सूखी
रोटी बचा रही जनता, कुछ रह कर भूखी
अब तो देखो कपड़ा तक, भी लोग बचाते
अधनंगे ही उनके सब, मौसम कट जाते।

॥०●०॥

सरकारी दावा हुआ, इतनी जल्दी फेल,
तेज गति से चल पड़ी, मँहगाई की रेल
मँहगाई की रेल, दूरदर्शन की राहत
बाजारों में लोगों की, कर रही हजामत
मिर्च हो गयी तेज, दाल ने लिया उछाला
ऐसा आया बजट, पर्स खाली कर डाला।

॥०●०॥

बजट सदन में हो गया, फिर घाटे का पेश,
मँहगाई की मार से, कैसे उबरे देश
कैसे उबरे देश, सभी के मन सन्नाटा
साठ साल हो गये, न कम हो पाया घाटा
बजट समय हर साल, बताते दी है राहत
इस राहत ने सदा बढ़ाई, सबकी आफत।

॥०●०॥

किसना तूने देश के, भरे अन्न भण्डार,
मगर न अब तक हो सका, तेरा ही उद्धार
तेरा ही उद्धार, आज भी कर्ज गले भर
सोता है हर शाम, रोटियाँ सूखी खा कर
आलू प्याज टमाटर गोभी, खूब उगाता
मगर मिर्च की चटनी से, खुद रोटी खाता।

☙❀❧

मँहगाई ने कर दिया, देखो नया कमाल,
वेतन हल्का पड़ गया, भारी हो गयी दाल
भारी हो गयी दाल, कटोरी हो गयी छोटी
डबल कहाँ से लायें, कठिन है सिंगल रोटी
बिन बघार की सब्जी का भी, संकट भैया
चूहे भी अब घर में करते, ता–ता थैया।

☙❀❧

चिन्ता मत कर गर हुई, मँहगी मोटी दाल
आजादी का है अभी, यह इकसठवाँ साल
यह इकसठवाँ साल, देखना आगे चल कर
अभी मिलेगा सौ रुपए का, किलो टमाटर
इंजक्शन से दूध मिलेगा, आधा पानी
करी तरक्की हमने, उसकी यही निशानी।

☙❀❧

सस्ती होंगी सब्जियाँ, मत कर मित्र मलाल
लोकसभा में उठ गया, इन पर देख सवाल
इन पर देख सवाल, करें कम कैसे खर्चा
सदन कर रहा, आलू और प्याज पर चर्चा
सब्जी का कम भोग, लगाती उनकी थाली
बी जे पी ने खूब सदन में, प्याज उछाली।

☙❀❧

मँहगाई ने कर दिया, जीना आज हराम,
मूँगफली भी ना रही, जनता का बादाम
जनता का बादाम, नहीं है साहस बिल का
गिरी चढ़ गयी कार, हमारे हिस्से छिलका
मँहगाई में बहुत बुरा, लगता है जाड़ा
कैसे खायें बीस रुपए का, किलो सिंघाड़ा।

ॐ•ॐ

मँहगाई कहने लगी, सुन प्यारी सरकार,
भूल करेगी यदि किया, मुझ पर कोई वार
मुझ पर कोई वार, बाद में पछताएगी
मुझे मार कर, तू क्या जीवित रह पाएगी
मनमोहन से कह दो, क्यों वह मुझे सताता
मँहगाई का भारत से है, गहरा नाता।

ॐ•ॐ

मँहगाई ने कर दिया, आज सभी को तंग,
अब खामोशी छोड़ कर, आओ छेड़ें जंग
आओ छेड़ें जंग, चलो घमसान मचायें,
काले पैसे वालों को, कुछ सबक सिखायें
अभी समय है, अब भी यदि ना सम्हले भाई
बिना मौत के मारेगी, सबको मँहगाई।

ॐ•ॐ

मँहगाई है सीजनल, करो नहीं तकरार
संसद में बतला रही, जनता को सरकार
जनता को सरकार, दुखी है हम सबका मन
पता नहीं कब खत्म, तुम्हारा होगा सीजन
दाम घटेंगे तुमने, सदा हमें बहकाया
सुनते–सुनते यही, बुढ़ापा हमको आया।

ॐ•ॐ

मँहगाई पर हो रहे, रोज नये ही खेल,
मँहगे होते जा रहे, आटा चावल तेल
आटा चावल तेल, बताये हमको बनिया
आसमान चढ़ गये, मिर्च जीरा व धनिया
कारण हमें बताते, रोज नयें हैं
वित्त मन्त्री लगता नहीं बाजार गये हैं।

॥०•॥

आटा मँहगा हो गया, मँहगी है यदि दाल,
नित्य राम का नाम जप, मत कर मित्र मलाल
मत कर मित्र मलाल, मान उपदेश हमारे
राम–नाम से संकट, कट जाते हैं सारे
आटे की अब बात, मित्र लगती है छोटी
राम–नाम की खायेंगे, सब आगे रोटी।

॥०•॥

मँहगाई कम आँकड़े, पेश करे सरकार,
मगर विपक्षी कर रहे, देखो तो तकरार
देखो तो तकरार, साथ में सत्ता वाले
मँहगाई ने पेंच लूज, सबके कर डाले
अभी शुरू है इश्क, देखिए आगे क्या हो,
हो सकता है रोना भी, आगे मँहगा हो।

हैप्पी न्यू ईयर

मेरे प्यारे देश को, नया मुबारक साल
गत वर्षों की भाँति ही, हों सब मालामाल
हों सब मालामाल, खूब फैले धन काला
नैतिकता का यूँही, पिटता रहे दिवाला
मँहगी रोटी सब्जी, चावल दाल मुबारक
मँहगाई से बची रहे, जो खाल मुबारक।

॰॰॰

सबको नूतन साल मुबारक,
यह जीवन बदहाल मुबारक
अँग्रेजी से मोह मुबारक,
हिन्दी से विद्रोह मुबारक
मँहगाई की मार मुबारक,
आपस की तकरार मुबारक
दिन–दिन बढ़ते रेट मुबारक,
लगा पीठ से पेट मुबारक
नये साल की तुम्हें बधाई,
रहे मुबारक यह मँहगाई।

॰॰॰

सबको नूतन वर्ष मुबारक,
खाली होता पर्स मुबारक
जनता को सरकार मुबारक,
या फिर बण्टाढार मुबारक
ऊँचा रहे धर्म का झण्डा,
चलता रहे पुलिस का डण्डा
रहे मुबारक दाल अरहर की,
बनी रहे यह जनता चरखी
सबको मौसम सर्द मुबारक,
निर्धनता का दर्द मुबारक
करें तरक्की नित अडवानी,
जारी रहे यही मनमानी
मण्डल शुभ हो राजा जी को,
और कमण्डल बीजेपी को।

☙•❧

सबको नूतन साल मुबारक,
मँहगी रोटी दाल मुबारक
बोनस और पगार मुबारक,
टैक्सों की भरमार मुबारक
तुम्हें मुबारक पाकेट खाली,
उन्हें मुबारक दौलत काली
उनको फूले गाल मुबारक,
तुमको सूखी खाल मुबारक
जाड़ा लगता, नहीं रजाई,
अगर पैर में फटी बिवाई
चिन्ता मत कर, साल नया है,
यह सारा जंजाल नया है।
नये साल की खुशी मना ले
भूख लगे तो गाना गा ले।

☙•❧

नये साल की लीजिए, आप मुबारकबाद
पिछले कष्टों को न अब, करिए श्रीमन् याद
करिए श्रीमन् याद, भुला दो सब गम भैया
डगमग चलती रहे देश की, यूँही नैया
मँहगाई की चिन्ता रखना, नहीं ख्याल में
इससे मुक्ति नहीं मिलेगी, नये साल में।

☙•❧

सबको नूतन वर्ष मुबारक,
जीने का संघर्ष मुबारक
नया नया यह साल मुबारक,
मँहगी रोटी दाल मुबारक
काले धन का जाल मुबारक,
तन पर सूखी खाल मुबारक
उनको कार मकान मुबारक
तुमको टूटी छान मुबारक
नेताओं को ठाठ मुबारक
खड़ी हमारी खाट मुबारक
मिली–जुली सरकार मुबारक
सबको भ्रष्टाचार मुबारक।

☙•❧

धूम–धाम से जश्न कर, नया आ गया साल
मगर जश्न ने कर दिये, पैदा कई सवाल
पैदा कई सवाल, इधर रंगरलियाँ सारी
उधर शीत ने कष्ट दिया, लोगों को भारी
उधर होटलों में दौलत, भरपूर लुटाई
इधर ठण्ड में लोग मर गये, बिना रजाई।

☙•❧

मेरे प्यारे देश को, नया मुबारक साल
तुमको फूला पेट और, उनको फूले गाल
उनको फूले गाल, मुबारक उनकी लाली
तुम्हें मुबारक श्वेत, उन्हें हो दौलत काली
मन्त्रियों को रहे मुबारक, कुर्सी दफतर
तुम रोटी माँगोगे, देंगे वे कम्प्यूटर।

चुनावी चकल्लस

राजनीति के घाट पर, कबिरा खड़ा उदास
चर्चा चली चुनाव की, उसे बँधी कुछ आस
उसे बँधी कुछ आस, फट गया पहला कम्बल
नया मिले तो सर्दी में, हो जाये सम्बल
उसके लिए चुनाव, खुशी लेकर है आता
हर चुनाव में कम्बल नया, उसे मिल जाता।

ॐ•ॐ

दिल्ली के दरबार में, कबिरा खड़ा उदास
बिन थैली के यहाँ तो, नहीं बिठाते पास
नहीं बिठाते पास, टिकट यदि हमसे लोगे
यह बतलाओ पहले, दल को कितना दोगे
जनता की सेवा तुमने, की है यह माना
मगर न सीखा, नेताओं के पैर दबाना।

ॐ•ॐ

शुरू हो गया देश में, राजनीति का खेल
दिल्ली के दरबार में, हो रही रेलमपेल
हो रही रेलमपेल, टिकट के लेकर सपने
नेता दिल्ली आये, छोड़ सुख—साधन अपने
चरणधूलि ले मठाधीश को, दाँत दिखाते
जिन्हें गधा कहते थे, उनको बाप बताते।

ॐ•ॐ

चक्कर चला चुनाव का, सन्त कर रहा जाँच
जातिवाद का अब यहाँ, होगा नंगा नाच
होगा नंगा नाच, चलेगा ऐसा चक्कर
पढ़े लिखे रह जायेंगे, जाति में बँध कर
कहता सन्त विचार, बजेगा धर्म धुतारा
हम सब जाति भाई, लगायेंगे यह नारा।

॥०॥

मेला देख चुनाव का, मन में यही विचार
सब लोगों को चढ़ रहा, निर्वाचनी बुखार
निर्वाचनी बुखार, मन्त्री और विधायक
जनता–सम्मुख हुए प्रकट, देखो एकाएक
नकली आँसू टूटी चप्पल, कुर्ता मैला
जनता सेवक आये, बन कर बाबू छैला
लीला अज़ब चुनाव की, करता सन्त बखान
नेताओं को आ रहा, अब गाँवों का ध्यान
अब गाँवों का ध्यान, फिर रहे मारे–मारे
लोगों से कहते हैं, दाता तुम्हीं हमारे
जनता की हालत पर, आँसू बहा रहे हैं
स्वप्न सुहाने फिर से, उसको दिखा रहे हैं।

॥०॥

आश्वासन का टोकरा, आया लिये चुनाव
जो माँगोगे मिलेगा, कोई मोल न भाव
कोई मोल न भाव, हवा में सड़क बनेगी
पैर पसारे हुए, गरीबी दूर भगेगी
कुआँ खुदेगा रेल चलेगी, मिले नौकरी
पर ये बातें सीमित होंगी, भाषण तक ही।

॥०॥

निर्वाचन के घाट पर, लूट रहे सब माल
ऐसे में कुछ मार ले, तू भी पूत कमाल
तू भी पूत कमाल, बँट रहे शाल दुशाले
नोट ले रहे थोक, वोट दिलवाने वाले
तू भी कह दे, सब सन्तों के वोट हमारे
बन जा ठेकेदार, नोट ले बेटे प्यारे।

कबिरा खड़ा चुनाव में, लिये लुकाठी हाथ
जो दल छोड़े आपना, चले हमारे साथ
चले हमारे साथ, भाजपा में सजपा में
टिकट नहीं तो क्या है, बाकी अब इंका में
चांस यहाँ ना मिले, तो फिर जनता में जाओ
विद्रोही प्रत्याशी बन कर, सम्मुख आओ।

कबिरा खेल चुनाव का, घर खाला का नाहिं
शीश झुका कर दण्डवत, जो नेता हो जाहिं
जो नेता हो जाहिं, बाप जो गधा बनाये
जम कर बोले झूठ, सभी के पैर दबाये
मतलब निकले जो, सबही को धता बताये
मित्रों वही महान, यहाँ नेता कहलाये।

नेताओं के सिर चढ़ा, निर्वाचन का भूत
भक्त वेश धारण किये, घूम रहे यमदूत
घूम रहे यमदूत, लग रहा घर–घर फेरा
किसी तरह जम जाये, सदन में इनका डेरा
फिर होकर निश्चिन्त, चलाएँ सब पर खंजर
पाँच साल तक जनता देखे, खूनी मंजर।

निर्वाचन के घाट पर, हो रही धुँआधार
चल रे सन्त चुनाव में, तू भी कर परचार
तू भी कर प्रचार, जीप में गाँठ सवारी
अवसर आया अब, कर ले नेता से यारी
आओ सम्मुख, अरे सन्त क्यों आप डर रहे
तस्कर डाकू चोर, सभी परचार कर रहे।

वोटर आवत देख कर, नेता करे पुकार
कुछ भी कह लो आज तो, काल हमारी बार
काल हमारी बार, आज तो सब सुन लेंगे
बिना कहे ही, पैर तुम्हारे हम छू लेंगे
लेकिन उसके बाद, शकल हम ना दिखलायें
पाँच साल तक, चक्करघिन्नी तुम्हें बनायें।

टिकट–यज्ञ फिर हो रहा, दिल्ली के दरबार
हर दल दफ़्तर पर लगी, लम्बी मित्र कतार
लम्बी मित्र कतार, फिरें नेता कतराते
टिकट मिलेगा जो भी मिलता, यही बताते
जितने याचक, टिकट कहाँ से इतने लायें
कहता सन्त विचार, टिकट नीलाम करायें।

सब झंझट कट जायेंगे, लगा कोई तदबीर
बीजेपी से मार ले, तू भी टिकट कबीर
तू भी टिकट कबीर, इलेक्शन लड़ ले प्यारे
एम एल ए बन, हो जायेंगे वारे–न्यारे
छोड़ भजन उपदेश, किसी विधि काम बना ले
राजनीति को अब तू, अपना राम बना ले।

मतदाता के सामने, नेता करे पुकार
तुम मेरे भगवान हो, कर दो बेड़ा पार
कर दो बेड़ा पार, न मेरी माँ न बाप है
सब कुछ मेरे हे मतदाता, आज आप हैं
हमदर्दी में मेरी नैया, पार लगा दो
भैया अबकी बार, विधायक और बना दो।

☙●❧

नेता से सब होत है, वोटर से कछु नाहिं
राई को पर्वत करे, पर्वत राई माहिं
पर्वत राई माहिं, श्याम को श्वेत बना दे
बस्ती जहाँ बसी हो, उसको खेत बना दे
सच को कर दे झूठ, झूठ को सत्य बनाये
पाँच साल में एक बार, चेहरा दिखलाये।

☙●❧

सूची सब जारी हुई, कहीं न आया नाम
सारी कोशिश टिकट की, हुई सन्त नाकाम
हुई सन्त नाकाम, सिफारिश काम न आयी
सपरिवार दिल्ली तक भी तो, दौड़ लगायी
दिल्ली में राज्यों की सूची, नहीं छुई है
लगता है इस बार, टिकट की ब्लैक हुई है।

☙●❧

जनता ने तो कर दिया, अपना बेड़ा पार
जल्दी आनी चाहिए, अपने नीचे कार
अपने नीचे कार, भरे नोटों से झोला
भूतपूर्व से वर्तमान, एम एल ए बोला
मित्र हमें समझाएँ, खुदा का तुम्हें वास्ता
धनोपार्जन का बतलाएँ हमें रास्ता।

☙●❧

दिल्ली के दरबार में, जारी है घमसान
टिकट–यज्ञ चालू हुआ, नेता हैं हैरान
नेता हैं हैरान, दे रहे खूब भुलावा
दल दफ्तर मन्दिर में, आया खूब चढावा
खींचतान का खूब, सिलसिला है अब जारी
भक्त बने कुछ नेता, कुछ बन गये पुजारी।

फिर चुनाव की बेला आयी,
भूलो बेकारी मँहगाई
कष्ट हुए हैं, अब मत चिल्ला,
घूमे कोई लगा कर बिल्ला
अब चुनाव का ढोल बजाओ
भूख लगे तो गाना गाओ
चिन्ता बिल्कुल मत कर प्यारे,
नेता आयेंगे अब द्वारे
उनको अपने कष्ट बताना,
पाँच साल तक फिर पछताना
अरे मरेगा चीनी खाकर
ले खा झण्डे और पोस्टर।

शुरू हो गया है यहाँ, पुनः टिकट का खेल
दिल्ली के दरबार में, हो रही रेलम–पेल
हो रही रेलम–पेल, सीट कम याचक ज्यादा
मार कुण्डली टिकटों पर, बैठे दल दादा
दिखा रहे सब, अपना–अपना नेक इरादा
देख रहे हैं, किस पर मोटी थैली ज्यादा।

चक्कर चला चुनाव का, मतदाता है मौन
उसके कष्टों को यहाँ, भला सुनेगा कौन
भला सुनेगा कौन, सभी रोयेंगे दुखड़ा
आश्वासन का सभी, थमा जायेंगे टुकड़ा
काँग्रेस क्या बीजेपी क्या, क्या जनता दल
मण्डल कोई दिखलाएगा, कोई कमण्डल।

☙❀❧

धीरे–धीरे निर्वाचन का, आ पहुँचा है अन्तिम दौर
दाँव आखिरी पर नेतागण, सारे करें ध्यान से गौर
मतदाता ने मूर्ख बनाया, कैसे होगा अब मतदान
बूथ कैप्चर करने को, सब जुटा रहे भारी सामान
दारू की पेटी पर पेटी, लेकर आये ठेकेदार
बोरे खुल गये हैं नोटों के, पैसे की हो रही भरमार
कट्टे पिस्टल मँगवायें हैं, और राइफल लिया मँगाय
बल्लम लाठी भाले आये, सब सामान दिया रखवाय
देश–देश के गुण्डे आये, वोटर देख गया घबराय
नीचे का दम नीचे रह गया, ऊपर ले गया राम उठाय।

☙❀❧

नेताजी ने चेलों से बोले, अगर न तिकड़म और चले
वोट अभी कम बने हमारे, फिर दंगों का दौर चले
बम गोली का आर्डर दे दो, और तमंचे बनवा लो
आगा–पीछा नहीं देखना, चलवा दो जिस ठौर चले
राजनीति पर दंगे, सुन लो आगे हमें चलानी है
जले झोंपड़ी अब होरी की, या जुम्मन की पौर जले
जनता से कह दो मन्दिर से, मस्जिद से नाता जोड़े
इसे न रोको चलने दो, यदि मँहगाई का दौर चले।

☙❀❧

गर्मी चढ़ी चुनाव पर, मौसम भी है गर्म
मगर विरोधाभास यह, नेता पड़ गये नर्म
नेता पड़ गये नर्म, हाथ सब जोड़ रहे हैं
लोकतन्त्र की फिर से, किस्मत फोड़ रहे हैं
अपनी–अपनी बातों पर, सब अड़े हुए हैं
याचक बन जनता के दर पर, खड़े हुए हैं।

॥ ० ॥

हे मतदाता देश के, हो जा तू होशियार
तुझे पटाने आयेंगे, फिर कुछ रंगे सियार
फिर कुछ रंगे सियार, बना कर रोनी सूरत
ढोंग करेंगे, बन कर त्याग तपस्या मूरत
वही पुराने पापी हैं, सब देखे भाले
ओढ़ भेड़ की खाल, भेड़िये आने वाले।

॥ ० ॥

बेला आमचुनाव की, जब आती नज़दीक
नेतागण करते सभी, टाँके–पंजे ठीक
टाँके–पँजे ठीक, फिरें सब मारे–मारे
हरिजन निर्बल गिरिजन, लगने लगते प्यारे
बेकारों की बीमारों की, तब सुध आती
जो बिछुड़े हैं, उनको घर की याद सताती।

॥ ० ॥

कैसे होगा चटपटा, अबकी आम चुनाव
तीस रुपए में किलो है, हरी मिर्च का भाव
हरी मिर्च का भाव, नीम चढ़ गया करेला
कड़वा–सा लग रहा, आज निर्वाचन मेला
भिण्डी बैंगन तक तो, हमको, आज चिढ़ाते
नेताओं से कहते तो, वह दाँत दिखाते।

॥ ० ॥

97

छुक–छुक करके चल पड़ी, निर्वाचन की रेल
टिकट पा गये कुछ मगर, बाकी हो गये फेल
बाकी हो गये फेल, रेल में मगर घुसे हैं
टिकट बे–टिकट बुरी तरह से, सभी ठुँसे हैं
पानी पैसा बना, कोयला बन गयी जनता
छुक–छुक करती रेल, कह रही चल कलकत्ता।

☙•❧

नामांकन की हो गयी, लो अन्तिम तारीख
सबके दरवाजे गये, टिकट माँगने भीख
टिकट माँगने भीख, मगर ना पिघले दाता
नहीं टिकट में खोल सके, वह अपना खाता
चलो निर्दली बन कर ही, सबको ललकारें
चेले लेकर साथ, जाति और धर्म पुकारें।

☙•❧

जनता के दरबार में, नेता करें पुकार
तू ही मैया–बाप है, बस कर दे उद्धार
बस कर दे उद्धार, सदा हम गुण गायेंगे
तुझे सताने काफी दिन तक, ना आयेंगे
जैसे टूटे–फूटे हैं, अपना लो भाई
वादा करते, अब न करेंगे कभी लड़ाई।

☙•❧

सब दल जारी कर रहे, पुनः घोषणा–पत्र
आश्वासन देते फिरें, यत्र–तत्र–सर्वत्र
यत्र–तत्र–सर्वत्र, लुभावन देकर नारे
कष्ट हरेंगे जनता के, कहते हैं सारे
सुनते–सुनते ये सब नारे, कान पक गये
बाट देखते हुए देश के, लोग थक गये।

☙•❧

अब तो चुनाव आ गया, नारे लगाइए
मण्डल को साफ कीजिए, मन्दिर सजाइए
ले आइए जहाँ भी, मिले अजगरो मजगर
दीवार जातियों की, कुछ ऊँची उठाइए
कहिए कि अयोध्या भी यहाँ और सोमनाथ भी
हुण्डी जो राम–नाम की, उसको भुनाइए
नेताओं की तस्वीर की, चटनी बनायें आप
नारों को खुरच लीजिए, उनको चबाइए
नेता जी आ रहे हैं, अरे मूर्ख परे हट
अपना यह खाली पेट, न उनको दिखाइए।

निर्वाचन का शोर मच गया
नेता सभी गये बौराय
दौड़ लगाते गली–गली में
दिन और रात सूझता नाय
घर–आँगन पेड़ों खम्भों पर
झण्डे बैनर दिये लगाय
कहीं तिरंगा लहराता है
भगवा कहीं रहा लहराय
फहराया है हरा कहीं पर
लाल कहीं दीना फहराय
लाउडस्पीकर शोर कर रहे
कान पड़ी अब सुनती नाय
अपनी–अपनी सभी हाँकते
बहरे हो गये सुन कर कान
ये नेता फिर से आये हैं
रक्षा करना हे भगवान।

सत्ता की खातिर छिड़ी, पुनः चुनावी जंग
धीरे–धीरे चढ़ रहा, लोगों पर भी रंग
लोगों पर भी आज रंग, भंग–सा छाया है
देखो भाई आज, चुनाव–मौसम आया है
चिन्ताएँ सब भूले, भूले हैं मँहगाई
आपस में कर रहे आज, सब हाथापाई।

डुग डुग डुग डुग बजी डुगडुगी
पुनः मदारी आयेंगे
बच्चा लोग सभी आ जायें
बढिया खेल दिखायेंगे
छू–मन्तर हो जाये गरीबी
और उड़न–छू बेकारी
खूब चटपटी करके बातें
सबको खूब हँसायेंगे
सरसों उगे हथेली पर फिर
खेल बजरबट्टू का हो
करतब सभी दिखा आखिर में
अपना पेट दिखायेंगे।

नेता–पत्नी कह रही, मुख पर लिये तनाव
लड़ें न नक्सल क्षेत्र में, अबकी आप चुनाव
अबकी आप चुनाव, अभी हैं बच्चे छोटे
मुझे दिखाना आप चाहते, दिन क्यूँ खोटे
मुझको डर है, मेरे सपनों के शहजादे
बलि का बकरा तुम्हें, न कोई कहीं बना दे।

निर्वाचन का हो गया, शोर–शराबा बन्द
पता नहीं चल पा रहा, किसको कौन पसन्द
किसको कौन पसन्द, सभी दे रहे भुलावा
जीतेंगे हम, सभी कर रहे हैं यह दावा
अखबारों में खूब चली है, हाथापाई
अपने–अपने हित में, सबनू लहर चलायी।

सब नेता घर में घुसे, मुख पर लिये तनाव
चल दुखिया घर आपने, हो गया ख़तम चुनाव
हो गया ख़तम चुनाव, जमा कुछ धन्धा–पानी
ये बहार अब, पाँच साल में ही है आनी
अब नेता के दर्शन, तुझे न हो पायेंगे
तू खोजेगा यहाँ, ये दिल्ली खो जायेंगे।

राजनीतिक रसगुल्ले

राजनीति की नीति में, जब हो जाओ फ़ेल
तब फिर नेताओं सुनो, चले धर्म का खेल
चले धर्म का खेल, यही है बड़ा सहारा
तुम मन्दिर का देना, तुम मस्जिद का नारा
यह नुस्खा ऐसा जो, सबको धूल चटा दे
नून तेल लकड़ी का, सारा कष्ट मिटा दे।

ॐ●ॐ

राजनीति भी बन गयी, एक बड़ा बाजार
आज एम.पी. बिक रहे, कहते हैं अख़बार
कहते हैं अख़बार, भाव है बिल्कुल ताज़ा
आधा मिले करोड़, बदल कर पाला आ जा
तू भी कुछ कर मित्र, पड़ा क्यों घर में खाली
सुना यहाँ भी खूब, चल रही आज दलाली।

ॐ●ॐ

सीढ़ी नेता बन गये, सर्विस बनी मचान
नही योग्यता का यहाँ, आज किसी को ध्यान
आज किसी को ध्यान, फिरें सब मारे-मारे
जिनके सीढ़ी हाथ, हो रहे वारे-न्यारे
कहता सन्त विचार, जान ले भावी पीढ़ी
छोटा नेता छोटी, बड़ा बड़ी है सीढ़ी।

ॐ●ॐ

कॉँग्रेस के घाट पर, करे वही असनान
रख कर सारा आये जो, अपने घर ईमान
अपने घर ईमान, न नेता से कुछ बोले
स्विस बैंक में जाकर, अपना खाता खोले
बेईमान वह यहाँ, जाँच की माँग करे जो
कॉँग्रेस से उसको, फौरन बाहर कर दो।

कबिरा की आदत रही, कहता सदा सपाट,
सर्वोत्तम तीरथ बना, राजनीति का घाट
राजनीति का घाट, पापमोचन है भैया,
इज्जत मिलती खूब, मुफत में मिले रुपैया
डाकू गोली से जो, लोगों का खून बहाते,
राजनीति में आकर वह, उजले हो जाते।

सन्त चाहता तू अगर, जीवन में उद्धार
राजनीति के कुण्ड में, गहरा गोता मार
गहरा गोता मार, रत्न कुछ चुन ले प्यारे
सात पुश्त तक, हो जायेंगे वारे–न्यारे
राजनीति की मुर्गी, दे सोने का अण्डा
यह शोहरत की सीढ़ी का है, पहला डण्डा ।

सन्त छोड़ उपदेश अब, मत कर सबको बोर
राजनीति में घुस गये, अब तो डाकू–चोर
अब तो डाकू–चोर, लुटेरे ज़ालिम तस्कर
तू क्यों घर में बैठा, रोटी रूखी खाकर
राजनीति में आ जा, कीमत चढ़ जाएगी
भक्तों की संख्या भी तेरी, बढ़ जाएगी।

राजनीति दिखला रही, बड़े अनोखे खेल
पल में होता युद्ध और, पल में होता मेल
पल में होता मेल, न रिश्ता रहे न नाता
खबरें पढ़ कर स्वयं, सन्त भी चकरा जाता
राजनीति में हिस्सा, माँगें आधा–आधा
लड़े बाप से बेटा, और पोते से दादा।

☙•❧

नेता बनना चाहता, यदि तू सन्त कबीर
तोता जैसे नयन कर, गिरगिट–सी तासीर
गिरगिट–सी तासीर, साँप से यारी कर ले
जैसे भी धन मिले, उसे लेकर घर भर ले
सीख मित्र आका के सम्मुख, शीश झुकाना
फिर कुछ मुश्किल नहीं, तुझे नेता पद पाना।

☙•❧

भैया कुर्सी राखिए, बिन कुर्सी सब व्यर्थ
कुर्सी गये न कुछ रहे, नेताजी का अर्थ
नेताजी का अर्थ, बहुत कुर्सी में भक्ति
छोड़ो ई वर, भजन करो कुर्सी की भक्ति
कुर्सी पर रहकर, करते जो खूब धमाके
बिन कुर्सी के साबित होते, फिस्स पटाखे।

☙•❧

राजनीति के घाट पर, खोज रहा क्या मित्र,
नंगे सभी हमाम में, कोई नहीं पवित्र
कोई नहीं पवित्र, न कुछ जनता से नाता
इनकी चिन्ता भरा रहे, बस इनका खाता
बन कर बगुला भगत, दिख रहा है जो सादा
इसके चेले यहाँ, इलाके के सब दादा।

☙•❧

राजनीति में आ गया, अब तो भारी खोट
सारे नेता बन रहे, अब देखो रोबोट
अब देखो रोबोट, केन्द्र संचालन करता
जितना जिसको ज्ञान दिया, उतना ही करता
मुख्यमन्त्री राज्यपाल पर, इसकी छाया
सरपंचों को दिल्ली ने, रोबोट बनाया।

नेतागीरी बन गयी, ला–इलाज अब रोग
राजनीति में घुस गये, कैसे–कैसे लोग
कैसे–कैसे लोग, जिन्हें कुछ ज्ञान नहीं है
पैसा इनका धर्म, और ईमान यही है
धोखा झूठ फरेब, मच रही आपाधापी
निधड़क घूमें, पुण्य–लबादा पहने पापी।

राजनीति में हो रही, नित्य नयी बकवास
चले खोदने देखिए, कुछ नेता इतिहास
कुछ नेता इतिहास, देश की फिक्र नहीं है
रोजी रोटी कपड़े का, कुछ जिक्र नहीं है
पूजा के स्थल, कहते थे जिनको पावन
मन्दिर–मस्जिद बना दिये, सत्ता के साधन।

खादी घिस–घिस जग मुआ, नेता भया ना कोय
दिल्ली के दरबार में, घुसे सो नेता होय
घुसे सो नेता होय, लगाए ऐसा तुक्का
खाली चिलम न भरे, करे जो ताज़ा हुक्का
घुसते ही दरबार, दण्डवत जो हो जाये
नेता बनता वही, सदा ऊँचा पद पाये।

सन्त अकल तेरी गयी, लगता चरने घास
समरथ को नहीं दोष कछु, कह गये तुलसीदास
कह गये तुलसीदास, उसे तू जान न पाया
सन्त बना फिरता है, बिरथा जनम गँवाया
अब भी प्यारे समय—सोच में, पड़ मत ज्यादा
राजनीति या धर्मक्षेत्र का, बन जा दादा।

☸•☸

मित्र चल रहा देश में, कठपुतली का खेल,
मुख्यमन्त्री मन्त्री, सबकी नाक नकेल
सबकी नाक नकेल, हाथ और पैर बँधे हैं
त्रिशंकु बन सभी, अधर में ही लटके हैं
दिल्लीवाला हाथ छोड़ दे, जिसकी सुतली,
औंधे मुँह जाकर गिरती है, वह कठपुतली।

☸•☸

मित्रों समझ न आ रहा, कहाँ करें फरियाद
दिन—दिन बढ़ते जा रहे, राजनीति—अपराध
राजनीति—अपराध, बन रहे गहरे रिश्ते
घुस आये डाकू भी, बन कर नेक फरिश्ते
चोर लुटेरे लम्पट, सीमाओं के तस्कर
सज्जन बन जाते हैं, राजनीति में आकर।

☸•☸

राजनीति के खेत में, लम्बी—लम्बी घास
चरने वाले चर रहे, कबिरा खड़ा उदास
कबिरा खड़ा उदास, सन्त बन कर पछताया
मोटा वह हो गया, खेत में जो भी आया
कोई न सुनने वाला, कितना रो ले गा ले
कविता लेखन छोड़, राजनीति अपना ले।

☸•☸

अफ़सर यदि चाहो भला, सुनो हमारी बात
नेता को न सताइये, जा के लम्बे हाथ
जा के लम्बे हाथ, बात सच्ची बतलाता
मुई खाल की साँसें, सार भसम हो जाता
कहता सन्त विचार, सताये नेता अफसर
उसका बिस्तर आ जाता, फौरन कन्धे पर।

नेता सोई सराहिए, लड़े सीट के हेत
पुर्जा–पुर्जा हो रहे, मगर ना छोड़े खेत
मगर ना छोड़े खेत, हर जगह दौड़ लगाये
टिकट मिले यदि नहीं, निर्दली ही लड़ जाये
जाति से बचे न अब, इसको भड़काये
जीत मिले तो, सहानुभूति के भाव दिखाये।

साँई इतना दीजिए, जामें कुटुम्ब समाय
मैं भी भूखा ना रहूँ, नेता भी छक जाय
नेता भी छक जाय, ले सकूँ रिश्वत जी भर
रहे मस्त परिवार, मुफत का माल पचा कर
ऐसी कुर्सी मिले, नोट हरदम बरसाये
जो भी घर पर आये, जेब खाली कर जाये।

नेताओं से आज तो, मेरी यही पुकार
बनवाएँगे आपकी, अबकी हम सरकार
अबकी हम सरकार, भरोसा तुम्हें दिलायें
असली नकली सारे, वोट तुम्हें दिलवायें
वादा है इस बार, आपही को तारेंगे
मगर जीत कर आप, यहाँ मच्छर मारेंगे।

नेता मच्छर एक हैं, दोनों एक जमात
एक तंग दिन में करे, एक जगाता रात
एक जगाता रात, नींद पर डाका डाले
इन दोनों के आज, हो गया देश हवाले
सारे साधन व्यर्थ, सभी बैठे हैं थक कर
नित्य बढ़ रहे आज, यहाँ नेता व मच्छर।

पाठक-चौरा

सन्त मेहरदास से सवाल

कबीर चौरा लिखत है, साधू मेहरदास
समय सामयिक विषय पर, पूरा लगा कयास
पूरा लगा कयास, कहीं अक्षर खा जाते
शुद्ध कुण्डली कभी सन्त जी, लिख नहीं पाते
मात्रा अक्षर आदि की, साफ नहीं तसवीर
डुबो रहे हैं आप क्यों, बाबा नाम कबीर।

☙●❧

सन्त मेहरदास का जवाब

ताऊ तेरे देश में, सब कुछ हुआ अशुद्ध
फिर कबिरा की कुण्डली, कैसे होगी शुद्ध
कैसे होगी शुद्ध, शास्त्र तो हम भी जानें
मगर आज इन सब चीजों के, लदे जमाने
हम तो भैया फिर भी, कुछ अक्षर ही खाते
नेतागण तो लोहा ईंट, सीमेण्ट पचाते।

☙●❧

सन्त के समर्थन में

मेहरदास चौरा लिखें, खूब करें परयास
पढ़ कर इसको हो रहे, काफी भ्रष्ट उदास
काफी भष्ट उदास, भाई यह जग है माया
हाथ झाड़ कर चला गया, जो भी है आया
रुकी नहीं मँहगाई, न भ्रष्टाचार रुका है
नये खून का नाटक, कई बार हुआ है।

सन्त जी की सेवा में

चौरा लिखना छोड़ दो, सन्त मेहरदास
अब तुम हो बहुत, 21वीं सदी के पास
21वीं सदी के पास, अँग्रेजी में बोलो
सब हिन्दी वालों को, नीची नजरों से तोलो
आगे चल कर भूलेंगे, हिन्दी हिन्दुस्तानी
तुम पीछे रह जाओगे, जो मेरी बात न मानी।

मत वक्त गँवाओ

कुछ रोजों की बात क्या, हो गये सैंतीस साल
निस दिन होते जा रहे, हम निर्धन कंगाल
हम निर्धन कंगाल, नहीं दे सकते ज्यादा वक्त
नये खून का देख चुके हैं, नागपुर में रक्त
अब तुम करते बात, लखेड़ा जी खोजों की
हो गये सैंतीस साल, बात क्या कुछ रोजों की
भैया तुम कविता लिख कर, मत वक्त गँवाओ
चमचागीरी करो और, नेता कहलाओ।

सवाल

राजनीति से सन्त जी, करते सही मजाक
नेता भरते पेट को, देश होय चाहे खाक
देश होय चाहे ख़ाक, नहीं इनको है चिन्ता
मूर्ख बनाते सबको, नहीं समझती जनता
कैसे हो इन ठगों से, भारत का उद्धार
गर जवाब दो प्रश्न का, बड़ा होय उपकार।

सन्त मेहरदास का जवाब

भैया गब्दी मास्टर, टेढ़ा किया सवाल
डर के मारे हो रहा, बुरा हमारा हाल
बुरा हमारा हाल, ठगों से हम भी डरते
छुटकारा पाने का जिक्र, नहीं हम करते
नहीं किसी का हमने, कभी मजाक उड़ाया
राजनीति ने हम सबको ही, मूर्ख बनाया।

कबीर से शिकायत

कबिरा तेरी लेखनी, ले गया मेहर उड़ाय
मुर्दों के भी कफ़न जो, चीर–फाड़ दिखलाय
चीर–फाड़ दिखलाय, बचा न कोई नेता
राजनीति का उसने, मो कर दिया फ़जीता
बरस रहा है दुनिया पर, बन कर घनघोरा
जब चाहा लिख दिया, सन्त ने फौरन चौरा।

सन्त जी से विनती

काफी दिन से छप रहे, मेहरदास जी सन्त
इनको बड़ी शिकायतें, जिनका कहीं न अन्त
जिनका कहीं न अन्त, उन्हें दोहराते रहते
कबीर-चौरा में नित ही, खुद को छपवाते रहते
सस्ती होंगी दाल, अब आप रुको कुछ रोज़
मँहगाई की मार को, और सहो कुछ रोज़
और सहो कुछ रोज़, उन्हें भी इसका है गम
कविता छपवाने से, न होती मँहगाई कम।
नये खून को वक्त दो, अब देखो उनका काम
जनता का विश्वास है, घट जायेंगे दाम
घट जायेंगे दाम, मिलेगी सबको रोटी
खून चूसने वालों की, अब जमे न गोटी।

लगते हैं ढोंगी

राजनीति नेताओं के, खूब दिखाये सीन
मेहरदास से बन गये, अब तुम महरुद्दीन
अब तूम महरुद्दीन, न हल्दी लगी फिटकरी
सारी सन्तइ सन्त रह गयी, धरी की धरी
कविताएँ अब आगे, जाने कैसी होंगी
हमें सन्त जी आप, लगते हैं ढोंगी।

www.ingramcontent.com/pod-product-compliance
Lightning Source LLC
Chambersburg PA
CBHW072201160426
43197CB00012B/2475
* 9 7 8 8 1 9 2 0 7 9 6 1 5 *